CLASSIC

Das Kochbuch

Inhaltsverzeichnis

INHALTSVERZEICHNIS

6	CLASSIC - das Kochbuch
8	Rebsorten
13	Kleines Küchenlatein
14	Grundrezepte

SUPPEN

16	Pot Au Feu vom Kaninchen
18	Kastaniensuppe
20	Kürbissuppe
22	Räucherlachssüppchen mit Schwarzwurzelroulade
24	Rote-Bete-Süppchen mit Garnelen und Meerrettich
26	Sommerliche Fischsuppe

VORSPEISEN

28	Rilette vom gebeizten Lachs
30	Kaninchensülze in Pinienkern-Vinaigrette
32	Weinbergschnecken mit Fenchel im Blätterteig
34	Lauwarmer Spargelsalat mit Rucola, Parmesan und luftgetrocknetem Schinken
36	Salat mit gebratener Putenleber in Traubenkernöl-Vinaigrette
38	Spaghettini-Salat mit Vongolemuscheln und Kaiserschoten

FLEISCHGERICHTE

40	Entenbrust mit Zitrusfrüchten und Orangenpolenta
42	Perlhuhnbrust mit Morcheln in Weißwein
44	Hähnchenbrustroulade mit Leber gefüllt in Rosinenjus
46	Lammhaxe in Burgunder geschmort
48	Kalbsleber mit Johannisbeeren
50	Pochiertes Rinderfilet mit Meerrettich-Hollandaise
52	Röstitaler mit Blut- und Leberwurst gefüllt in Senf-Kräuter-Sauce auf Wirsinggemüse
54	Schweinefiletmedaillons in Schimmelpilzkäserahm auf Lauchgemüse
56	Schweinefilets im Blätterteig auf Austernpilzen
58	Kassler aus der Folie auf Rahmsauerkraut
60	Schweinenierchen in Balsamicojus mit Rösti

FISCHGERICHTE

- 62 Lachs im Filoteig
- 64 Forelle „Asiatisch" in der Folie
- 66 Piccata vom Seeteufel auf Tomatenrisotto
- 68 Rotbarschfilet mit Krabben in Paprikasauce
- 70 Zander auf Konfitüre von roten Zwiebeln

PASTAGERICHTE

- 72 Feine Bandnudeln mit Tomaten und Limonenfilets
- 74 Rigatoni mit Muscheln in Currysauce

VEGETARISCHE GERICHTE

- 76 Auberginenlasagne mit Ratatouille in Tomatensauce
- 78 Chicorée mit Bavaria Blue-Füllung auf Kartoffelsalat
- 80 Gemüsestrudel mit Kräuterschaum
- 82 Sauerkraut-Quiche

KÄSEGERICHTE

- 84 Ziegenkäse im Sesammantel mit Akazienhonig
- 86 Schafskäse mit Speck und Salbei

NACHSPEISEN

- 88 Karamelisierte Apfelpfannkuchen mit Walnusseis
- 90 Apfel „Surprise"
- 92 Marinierte Brombeeren mit Minzschaum
- 94 Rhabarberkompott mit Mandelparfait

- 96 Anbaugebiete
- 110 Das Team
- 112 Impressum

Classic

CLASSIC - DAS KOCHBUCH

Classic-Weine sind ideale Speisebegleiter. Entdecken Sie mit diesem Kochbuch die neuen Möglichkeiten. Harry Borst, ein junger ambitionierter Koch aus der Pfalz, hat sich alltagstaugliche Rezepte ausgedacht oder bereits bewährte ausgewählt. Es wurde darauf geachtet, dass alle Zutaten im gut sortierten Lebensmittelhandel erhältlich sind. Die professionelle Weinempfehlung zu jedem Rezept sorgt dafür, dass jede Mahlzeit garantiert ein kulinarisches Erlebnis wird. Die Empfehlungen sollen Anregungen und Orientierung für Ihren Einkauf bieten. Schlussendlich entscheidet Ihr Geschmack – frei nach dem Motto: Erlaubt ist, was gefällt ...

CLASSIC macht den Weinkauf leicht.

Kann der Weinkauf die reine Freude sein, auch wenn man kein echter Weinkenner ist? Lässt sich der richtige Wein auf Anhieb finden, auch wenn man mit den vielen Angaben auf dem Etikett nicht viel

anfangen kann? Wer da bisher seine Zweifel hegte, kann jetzt aufatmen.

Das gilt für jeden, der gelegentlich oder regelmäßig ein Glas Wein trinkt. Aber auch für jene, die bisher aus Angst, den „falschen" Wein zu servieren, andere Getränke ausschenkten.

Seit es Classic gibt, kann einfach jeder einen unkomplizierten Wein für jeden Tag finden, der trocken schmeckt und zuverlässige Qualität zu erschwinglichen Preisen bietet – ob beim Winzer oder im Handel.

CLASSIC schmeckt trocken.

Seit dem Jahrgang 2000 steht der Begriff Classic für einen überdurchschnittlichen Qualitätswein, der trocken schmeckt und aus einer der klassischen Rebsorten wie z.B. Riesling, Silvaner oder Spätburgunder gekeltert ist. Neu an diesem Konzept ist, dass der Begriff Classic für ein klar definiertes Qualitäts- und Geschmacksprofil steht. Winzer aus allen 13 deutschen Anbaugebieten vom Bodensee bis zur Ahr und von der Elbe bis zur Saar produzieren Classic-Weine und der

Classic-Schriftzug auf dem Etikett garantiert, dass der jeweilige Wein dem erwarteten Geschmacksprofil entspricht.

Classic
sorgt für Durchblick auf dem Etikett.

Die neuen deutschen Classic Profilweine sind auf einen Blick am Etikett zu erkennen. Der Name der Rebsorte in Verbindung mit dem Begriff Classic signalisiert dem Verbraucher, dass er nach dem richtigen Wein gegriffen hat. Außer dem Namen des Winzers und dem Anbaugebiet trägt das Etikett nur wenige weitere Angaben. Es wird dadurch wesentlich übersichtlicher und klar verständlich. Geschmacksangaben sind überflüssig, denn Classic Weine schmecken immer trocken.

Classic
passt zum Essen!

Der trockene Geschmack macht Classic Weine zu idealen Speisebegleitern. Begrüßen Sie den Frühling mit feinen Spargelrezepten und einem kräftigen Silvaner Classic. Feiern Sie den Mai im Freien mit frischen Salaten oder mit dem ersten Picknick des Jahres und dazu einem Rivaner Classic. Ein erfrischender Riesling Classic erhebt jedes Fischgericht zur Delikatesse. Die ersten Herbststürme lassen sich traditionsgemäß bei kräftigem Eintopf, begleitet von Weißburgunder Classic, am besten aushalten. Meeresfrüchte schmecken das ganze Jahr über, doch gerade im Spätherbst lässt sich dazu hervorragend ein Grauburgunder Classic genießen. Die Advents- und Weihnachtszeit, Zeit für Gäste und Gänsebraten, bereitet dem Spätburgunder Classic einen festlichen Auftritt.

Ganz egal, was auf Ihrem Speiseplan steht, wen Sie zum Essen erwarten oder wie Sie Ihren Tisch decken: Classic passt.

Rebsorten

REBSORTEN

Von Albalonga bis Zweigelt: mehr als 50 verschiedene Rebsorten werden in Deutschland angebaut. Da findet sich für jeden Geschmack und Anlass der richtige Wein. Doch keine Angst: Für Classic Weine sind nur für das jeweilige Anbaugebiet typische Rebsorten zugelassen. Die wichtigsten davon stellen wir Ihnen vor.

RIESLING - DER GROSSE KLASSIKER

Ob bereits der Römer Plinius den Riesling erwähnte oder ob Deutschlands wichtigste Rebsorte von Wildreben am Oberrhein ausgelesen wurde, muss offen bleiben. Fest steht: Deutschlands Winzer haben eine Jahrhunderte alte Tradition im Rieslinganbau – erstmals für das Jahr 1430 urkundlich belegt – und sie pflegen den Klassiker wie kein anderes Land der Erde. Zwei Drittel aller Rieslingweinberge stehen in Deutschland. Die längste Riesling-Tradition haben die Winzer im Rheingau und an der Mosel. Die wichtigste deutsche Rebsorte wächst in allen Anbaugebieten. Im Rheingau nimmt der Riesling mehr als drei Viertel der

Rebfläche in Anspruch. Daneben zählen Mosel-Saar-Ruwer, Pfalz, Württemberg, Rheinhessen, Baden sowie die Nahe zu den wichtigsten Riesling-Produzenten.

Der Riesling ist eine langsam, bis in den November hinein reifende Rebsorte. Deshalb ist er prädestiniert für die nördlichen Anbaugebiete, wo er in der späten Herbstsonne seine Reife vollendet. Optimale Bedingungen bieten die wärmespeichernden steinigen Steillagen entlang der Flusstäler.

Rieslingweine stehen in allen Qualitätsstufen und Geschmacksrichtungen zur Verfügung. Der „typische" Riesling zeigt eine blassgelbe, ins grünlich-gelb tendierende Farbe. Im Duft erinnert er an Pfirsich oder Apfel, im Mund spürt man eine rassige Säure. Bei den Rieslingen von Schieferböden spricht man von einer mineralischen Note. Edelsüße Beerenauslesen oder Eisweine gehören zu den auch international am höchsten gehandelten deutschen Weinen. Trockene bis halbtrockene Rieslinge passen besonders gut zu gedünstetem See- und Süßwasserfisch, gekochtem Fleisch mit hellen Saucen und kleinem Hausgeflügel.

RIVANER - WEINE FÜR JEDE GELEGENHEIT

Der Rivaner oder Müller-Thurgau gilt als älteste und erfolgreichste deutsche Rebenzüchtung. Sie gelang 1882 Professor Müller aus dem schweizerischen Thurgau an der Königlichen Lehranstalt in Geisenheim. Nach wie vor hat der Rivaner eine sehr große Bedeutung im deutschen Weinbau. Dies verdankt er seiner Standorttoleranz und frühen Traubenreife. Müller-Thurgau-Reben stehen vor allem in Rheinhessen, in Baden, in der Pfalz, an der Mosel und in Franken.

Die unkomplizierten Weine sind geschmacklich leicht zugänglich und werden aufgrund ihrer harmonischen Charaktereigenschaften gerne getrunken. Tragen sie die Bezeichnung Rivaner auf dem Etikett, so handelt es sich meist um trockene, eher jugendliche, leichte und frische Weine. Sie empfehlen sich zu zart-aromatischen Speisen.

SILVANER - PARTNER FÜR SPARGEL UND FISCH

Schon im 19. Jahrhundert begann die Ausbreitung des Silvaners in Deutschland. Eine der wichtigsten Traditionssorten erlebt in Rheinhessen und Franken eine gewisse Renaissance. Auch Pfälzer und Kaiserstühler pflegen die Silvanerrebe. Sie liefert unaufdringliche Weine mit einer milden Säure. Diese haben einen dezenten, mitunter erdigen Duft. Wenn die Reben auf schweren Böden stehen, treffen auch die Eigenschaften „saftig", „vollmundig" oder „wuchtig" zu. Die herzhaften Varianten schmecken zu kräftiger, regionaler Küche.

Geschliffene Silvaner aus Franken sind wunderbare Fischbegleiter, aus Rheinhessen und der Pfalz passen sie besonders gut zum Spargel.

Rebsorten

GRAUER BURGUNDER - WUCHT UND FÜLLE

Beim Grauburgunder oder Ruländer handelt es sich wahrscheinlich um eine Mutation des Spätburgunders. Vom Burgund – die französische Bezeichnung ist Pinot gris (die italienische Pinot grigio) – gelangte er im 14. Jahrhundert in unsere Regionen. Insbesondere die badischen Winzer am Kaiserstuhl widmen sich ihm. In neun Anbaugebieten zählt er zu den klassischen Rebsorten. Grauburgunder werden meist trocken, Weine mit der Bezeichnung Ruländer hingegen überwiegend als restsüße Weine angeboten. Trockene Grauburgunder harmonieren gut mit Meeresfrüchten, kräftigem Seefisch, Pasta, Lamm, Wildgeflügel und Jungwild sowie reifem Weichkäse. Süße Spät- und Auslesen passen besonders gut zu Edelpilzkäse und zu Desserts mit Honig, Mandeln oder Marzipan.

WEISSER BURGUNDER - BEGLEITER LEICHTER GERICHTE

Der Weiße Burgunder, im Ausland auch Pinot blanc oder Pinot bianco genannt, gehört ebenfalls zur Burgunderfamilie. Die deutschen Winzer entdecken mehr und mehr den Wert dieser eleganten Rebsorte. Baden gilt als eine Hochburg des Weißburgunders, ebenso die Pfalz und Saale-Unstrut. Der Weiße Burgunder präsentiert sich mit einem zarten Duft, an Melone und Birne erinnernd, sowie einem leicht nussigen Aroma. Mit seiner frischen Säure und feiner Frucht ist er ein idealer Menübegleiter, besonders geeignet zu Fisch und Meeresfrüchten, wie beispielsweise Miesmuscheln in Sahne- oder Safransauce, zu Kurzgebratenem vom Schwein und Kalb sowie zu Geflügelgerichten mit hellen Saucen. Gerne wird er auch gut gekühlt als „Terrassenwein" gereicht. Extraktreiche Weißburgunder werden häufig auch in kleinen Eichenholzfässern, so genannten Barriques, ausgebaut und passen vorzüglich zu mit Kräutern verfeinerten Lammgerichten oder auch zarten Jungwildgerichten.

SPÄTBURGUNDER - ROTER KLASSIKER FÜR GENIESSER

Das Pendant zum weißen Klassiker Riesling ist der rote Klassiker Spätburgunder (in Frankreich Pinot Noir). Er zählt zur Burgunderfamilie und ist auch in Deutschland seit mehr als 1000 Jahren heimisch. Die meisten Reben stehen in Baden mit den Schwerpunkten Kaiserstuhl und Tuniberg, aber auch in der Pfalz, in Rheinhessen, in Württemberg, im Rheingau und an der Ahr. Die edle Sorte gedeiht nur in besten Lagen. Spätburgunder-Weine schmecken vollmundig und samtig. Sie bezaubern mit einem leicht süßlichen Duft nach roten Früchten, von Erdbeere über Kirsche und Brombeere bis hin zur schwarzen Johannisbeere. Kräftige Varianten begleiten am besten Braten und Wild oder auch eine Käseplatte. Die Rosévariante Spätburgunder Weißherbst gefällt zu Vorspeisen und weißem Fleisch.

DORNFELDER - FARBE, FRUCHT, WÄRME

Der Dornfelder, eine Weinsberger Kreuzung aus Helfensteiner und Heroldrebe, ist die erfolgreichste deutsche Neuzüchtung bei den Rotweinsorten. Einem Finanzbeamten, der im 19. Jahrhundert die Gründung der Weinbauschule Weinsberg anregte, verdankt sie ihren Namen. Seit 1981 ist die Sorte klassifiziert. Ihre größte Akzeptanz fand die Sorte bei den pfälzischen und rheinhessischen Winzern, doch ist sie auch in den meisten anderen Anbaugebieten zu finden.
Dornfelder wird vornehmlich als trockener Rotwein ausgebaut. Es gibt zwei Ausbaustile. Der erste betont die intensiven Fruchtaromen wie Sauerkirsche, Brombeere und Holunder. Andere Winzer bauen den Dornfelder im großen oder kleinen Holzfass aus und betonen mehr die Gerbstoffe und Struktur des Weins. Die kräftigen Rotweine passen zu Braten, Wild oder Käse.

Rebsorten

TROLLINGER - SPÄTE REIFE, FRÜHER GENUSS

Als Urheimat des Trollingers wird Südtirol oder das Trentino angenommen. In Deutschland findet man die Rebsorte fast ausschließlich in Württemberg. Die Konzentration auf dieses südlich gelegene deutsche Anbaugebiet hat klimatische Gründe: Die Rebe verlangt wegen ihrer späten Reife nach sehr guten, frostfreien Lagen. Die Trollinger-Weine haben sich längst schon mit ihrer frisch-fruchtigen und kernig-herzhaften Art zu einem „schwäbischen Nationalgetränk" entwickelt. Die leichten, rassigen Weine mit dezentem Kirsch- oder Beerenaroma sind im Jahr nach der Ernte bereits trinkreif und passen hervorragend zu kräftigen Brotzeiten ebenso wie zu Pastagerichten und milden Käsesorten.

LEMBERGER - SÜDLÄNDISCHER CHARME

Der Lemberger kam wohl aus Österreich – dort heißt er Blaufränkisch – nach Württemberg. Ein Rebschulbesitzer soll ihm den Namen gegeben haben. Die spätreifende Lembergertraube wird nahezu ausschließlich von württemberger Winzern angebaut. Sie erzeugen leichtere, fruchtige Tropfen, aber auch extrakt- und tanninreiche Rotweine. Meist sind die Weine intensiv schwarzrot. In der Nase zeigen sie oftmals ein kräftiges Aromabild, das an Brombeeren, Kirschen, Pflaumen oder Johannisbeeren erinnert.

Der fruchtige Lembergertyp eignet sich bestens zur Vesper und zur sommerlichen Grill-Party. Die gerbstoffbetonten und gehaltvollen Weine eignen sich besonders gut zu Pasteten und Terrinen vom Wild- und Wildgeflügel, zu Grillgerichten mit geschmacksintensiven Saucen und Beilagen und zu Geschmortem vom Lamm oder Rind sowie zu reifen, kräftigen Käsesorten.

Kleines Küchenlatein

Abschrecken: Küchentechnische Maßnahme, bei der Garprozesse von Rohstoffen durch kurzzeitiges Eintauchen in kaltes Wasser unter Zugabe von Eiswürfeln beendet werden. Dies dient unter anderem der Farberhaltung.

Blanchieren: Die Bezeichnung Blanchieren wird heute für alle küchentechnischen Maßnahmen verwendet, bei denen Rohstoffe kurze Zeit in kochendem Wasser erhitzt werden.

Eiswasser: Wasser mit vielen Eiswürfeln. Siehe auch „Abschrecken".

Farce: Püriertes Fleisch (Fisch) als Füllung für Fleisch, Fisch, Geflügel, Pasteten, Gemüse und Gebäck. Siehe Grundrezept auf Seite 14.

Filetieren: Die Schale von Orangen und Limonen mittels eines scharfen Messers entfernen und die Filets aus den Häuten lösen.

Fond: Französicher Fachausdruck für Brühen, die als Grundlage unter anderem für Suppen und Saucen dienen.

Kernthermometer: Küchenutensil zum Messen der Kerntemperatur.

Mixglas: Küchengerät zum Pürieren von Suppen und Saucen.

Montieren: Mit Butter binden, d.h., die Sauce mit einem Stückchen Butter zur Vollendung bringen. Danach die Sauce nicht mehr kochen lassen.

Moulinette: Küchengerät zum Herstellen von Farcen und Pürees.

Nappieren: Gleichmäßig mit Sauce überziehen; Fleisch etwa zur Hälfte.

Passieren: Mit Hilfe von Passiergeräten (Spitzsieb, Durchschlag, Passiertuch, Haarsieb) werden flüssige und feste Stoffe voneinander getrennt. Je nach dem beabsichtigten Zweck haben die Passiergeräte feinere oder grobere Löcher.

Pfeffern: Pfeffer immer mit der Pfeffermühle frisch mahlen.

Plattieren: Vorsichtig flach klopfen.

Pochieren: In Flüssigkeit bei etwa 90°C garen (nicht kochen!).

Reduzieren: Flüssigkeiten einkochen lassen.

Stabmixer: Küchengerät zum Pürieren oder Fertigstellen von Suppen und Saucen.

Warmhalten: Fleisch nach dem Braten noch ein paar Minuten unter dem Backofengrill bei 100 °C ruhen lassen, damit sich die Säfte im Fleisch verteilen.

Wasserbad: Mit etwa 90 °C heißem Wasser gefüllter Topf, auf den ein passender Kessel oder eine passende Schüssel gesetzt wird. Diese sollten das Wasser nicht berühren.

Grundrezepte

TOMATENWÜRFEL:

1. Tomaten über der Krone kreuzweise einschneiden und blanchieren.
2. Unter kaltem Wasser abschrecken und anschließend die Haut abziehen.
3. Die Kerne entfernen.
4. Das Tomatenfleisch in Würfel scheiden.

FLEISCH- BZW. FISCHFARCE

100 g Fleisch oder Fisch
100 g Sahne, gekühlt
Salz, Pfeffer

1. Fleisch oder Fisch in Würfel schneiden.
2. Anfrieren.
3. Mit der Sahne, Salz und Pfeffer in der Moulinette rasch zu einer glatten Farce verarbeiten. Darauf achten, dass die Farce nicht zu warm wird.

GEFLÜGELFOND

1 kg Geflügelknochen
200 g Sellerie
200 g Karotten
200 g Zwiebeln
200 g Petersilienwurzeln
200 g Lauch
2 Knoblauchzehen
2 Lorbeerblätter
20 Pfefferkörner

1. Das Gemüse grob würfeln und mit den übrigen Zutaten in einen Topf geben und mit Wasser bedeckt langsam aufkochen.
2. 90 Minuten köcheln lassen.
3. Anschließend die Brühe passieren und über Nacht zum Abkühlen in den Kühlschrank stellen.
4. Die Brühe entfetten und portionsweise einfrieren.

FISCHFOND

1 kg klein geschnittene Fischgräten (vorzugsweise von Steinbutt und Seezunge)
200 g Sellerie
100 g Zwiebeln
100 g Petersilienwurzeln
100 g Lauch
2 Tomaten, geviertelt
2 Lorbeerblätter
20 Pfefferkörner

1. Das Gemüse grob würfeln, mit den übrigen Zutaten in einen Topf geben und mit Wasser bedeckt langsam aufkochen.
2. 20 Minuten ziehen lassen.
3. Die Brühe passieren über Nacht zum Abkühlen in den Kühlschrank stellen.
4. Am nächsten Tag portionsweise einfrieren.

KALBSFOND

1 kg Kalbsknochen, klein gehackt
200 g Sellerie
200 g Karotten
200 g Zwiebeln
100 g Petersilienwurzeln
200 g Lauch
5 Knoblauchzehen
2 Lorbeerblätter
10 Pfefferkörner
2 EL Tomatenmark
100 ml Öl

1. Das Öl erhitzen und die Knochen darin anbraten.
2. Sellerie, Karotten, Zwiebeln und Petersilienwurzeln in kleine Würfel schneiden und mitbraten.
3. Das Tomatenmark etwa 10 Sekunden mitrösten.
4. Anschließend alles mit Wasser bedecken und die Gewürze dazu geben.
5. Den Fond etwa 2 Stunden köcheln lassen. Danach passieren und über Nacht zum Abkühlen in den Kühlschrank stellen.
6. Am nächsten Tag entfetten und portionsweise einfrieren.

GEMÜSEFOND

100 g Sellerie
100 g Karotten
100 g Zwiebeln
100 g Petersilienwurzeln
100 g Lauch
100 g Champignons
2 Knoblauchzehen
4 Tomaten
Salz und Pfeffer

1. Alle Zutaten kleinschneiden, in einen Topf geben und mit Wasser bedeckt langsam aufkochen.
2. Etwa 30 Minuten köcheln lassen.
3. Anschließend die Brühe passieren und portionsweise einfrieren.

VINAIGRETTE

¼ Essig
¾ Öl
Salz und Pfeffer
Variationen durch:
- Schalotten, fein gehackt
- Senf
- Knoblauch, gepresst
- Frische Kräuter, fein gehackt
- Meerrettich, gerieben

Tip: Die fertige Vinaigrette mit etwas Geflügelfond verlängern, um den Essig zu mildern. (1 Teil Öl - 1 Teil Geflügelfond)

Suppen

POT AU FEU VOM KANINCHEN

WEINEMPFEHLUNG
Der aromatische Geschmack des Kaninchens im Zusammenspiel mit den vegetativen Noten der verwendeten Gemüse und Kräuter verbindet sich angenehm mit C^{LASSIC}-Weinen der Rebsorte Riesling aus den Anbaugebieten Rheingau oder Rheinhessen.

ZUTATEN
für 4 Personen
400 ml Kaninchenfond
(Herstellung wie Geflü-
gelfond; siehe Grundrezept
auf S.14)
100 g Sellerie
100 g Karotten
100 g Lauch
100 g Petersilienwurzeln
4 Kirschtomaten
100 g Kaninchenleber
100 g Kaninchennieren
100 g Kaninchenrücken
20 g Butter
Salz, Pfeffer
1 EL Schnittlauchröllchen
Kerbel, gezupft

ZUBEREITUNG

1. Das Gemüse in etwa 5 cm lange Streifen schneiden, in die heiße Brühe geben und 2 Minuten kochen lassen.

2. Kaninchenleber, -nieren und -rücken in Butter leicht anbraten (nicht ganz durchbraten, da die Stücke in der heißen Brühe noch nachziehen).

3. Das Gemüse in vorgewärmte Teller geben, die Kaninchenteile in mundgerechte Stücke schneiden und auf dem Gemüse mit den halbierten Kirschtomaten anrichten.

4. Anschließend mit der heißen Brühe übergießen.

5. Mit Kerbel und Schnittlauch garnieren.

Suppen

KASTANIENSUPPE

WEINEMPFEHLUNG

Die cremige Konsistenz der Suppe sowie die Aromen der Kastanien verlangen nach milderen Weinen. C^{LASSIC}-Weine der Rebsorten Rivaner oder Silvaner z.B. aus Rheinhessen oder der Pfalz erfüllen diesen Anspruch.

ZUTATEN
für 4 Personen
400 ml Geflügelfond (siehe Grundrezept auf S.14)
400 ml Sahne
300 g Kastanien, gekocht
20 g Butter, gekühlt
Salz, Pfeffer
1 Prise Zucker

ZUBEREITUNG

1. Den Geflügelfond, die Sahne und 200 g der Kastanien aufkochen und leicht reduzieren.

2. Im Mixer mit der kalten Butter aufschlagen und durch ein Sieb passieren.

3. Mit Salz, Pfeffer und einer Prise Zucker abschmecken.

4. Die restlichen Kastanien in der Suppe erhitzen.

5. Die Suppe in vorgewärmte Teller geben.

Suppen

KÜRBISSUPPE

WEINEMPFEHLUNG
Die fruchtigen Komponenten des Kürbisses gehen eine gewagte Symbiose mit den Aromen des Cayennepfeffers sowie des Muskats ein. Lohnenswerte Begleiter sind hierbei Riesling C^{LASSIC}-Weine von Mosel-Saar-Ruwer oder Mittelrhein.

ZUTATEN

für 4 Personen
1 Kleiner Kürbis
(z.B. Hokaido-Kürbis)
500 ml Geflügelfond (siehe Grundrezept auf S.14)
100 ml Sahne
100 g Schalotten, fein gewürfelt
20 g Butter
Salz
Cayennepfeffer
Muskat

ZUBEREITUNG

1. Den Kürbis entkernen, das Fruchtfleisch von der Schale lösen und in Würfel schneiden.

2. Die Schalotten in der Butter hell anschwitzen.

3. Das Fruchtfleisch zu den Schalotten geben und mit der Sahne und der Brühe auffüllen.

4. Mit Salz, Cayennepfeffer, Muskat würzen und etwa 20 Minuten köcheln lassen.

5. Die Suppe mit dem Stabmixer aufschlagen und durch ein Sieb passieren.

6. In Suppentassen anrichten.

Suppen

RÄUCHERLACHSSÜPPCHEN MIT SCHWARZWURZELROULADE

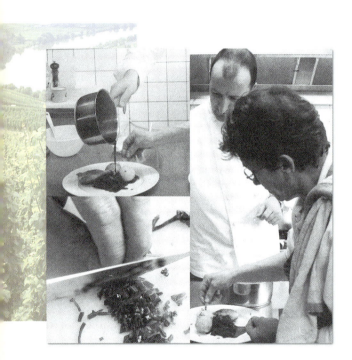

WEINEMPFEHLUNG

Die cremige Suppe, geprägt von den Aromen des Räucherlachses und der Schwarzwurzeln, hat eine würzig-herbe Note, die durch die dazu gereichten Weine, Rivaner Classic von Mosel-Saar-Ruwer oder Riesling Classic aus dem Rheingau, harmonisch unterstrichen wird.

ZUTATEN

für 4 Personen
400 ml Fischfond (siehe Grundrezept auf S.14)
400 ml Sahne
100 ml Winzersekt, trocken
300 g Räucherlachs
20 g Butter, gekühlt
4 Stangen (dick) Schwarzwurzeln
Zitronensaft
Salz, Pfeffer
1 Prise Zucker
Kerbel, gezupft

ZUBEREITUNG

1. Die Schwarzwurzeln schälen, mit Zitronensaft einreiben und im Salzwasser mit einer Prise Zucker bissfest kochen.

2. 200 g Räucherlachs wie eine Matte, in Länge der Schwarzwurzeln, auf einer Klarsichtfolie auslegen.

3. Die Schwarzwurzeln auf den Räucherlachs legen und mit Hilfe der Klarsichtfolie fest zu einer Roulade formen.

4. In mundgerechte Stücke schneiden und in vorgewärmte Teller legen.

5. Fischfond und Sahne auf 600 ml reduzieren, dann mit der kalten Butter und dem restlichen Räucherlachs im Mixer pürieren.

6. Die Suppe passieren, nochmals kurz erhitzen (nicht mehr kochen) und abschmecken.

7. Den Sekt zugeben.

8. Die Suppe in den Tellern verteilen und mit dem frischen Kerbel garnieren.

Suppen

ROTE-BETE-SÜPPCHEN MIT GARNELEN UND MEERRETTICH

WEINEMPFEHLUNG
Rote Bete und Meerrettich ergeben ein süß-würziges Geschmacksbild, welches wir in einem gehaltvollen Weißburgunder Classic aus Baden oder einem kräftigen Rivaner Classic z.B. aus Württemberg wiederfinden.

ZUTATEN

für 4 Personen

400 ml Fisch- oder Geflügelfond (siehe Grundrezept S.14)
400 ml Sahne
50 ml Weißwein, trocken
200 g Rote Bete, gekocht
1 EL Öl
8 Garnelen
1 EL Meerrettich, frisch gerieben
20 g Butter, gekühlt
Salz, Pfeffer
Dillzweige

ZUBEREITUNG

1. Fisch- oder Geflügelfond mit dem Wein und der Sahne auf etwa 600 ml reduzieren.

2. Von der Roten Bete 50 g in feine Streifen schneiden und in 4 vorgewärmte Suppenteller legen.

3. Garnelen kurz in heißem Öl anbraten und auf die Rote Bete-Streifen legen.

4. Die reduzierte Flüssigkeit mit dem Stabmixer oder im Mixglas mit der kalten Butter und der restlichen Rote Bete aufmixen.

5. Passieren und nochmals kurz erhitzen, jedoch nicht mehr kochen lassen.

6. Mit Salz und Pfeffer abschmecken, in den Tellern anrichten und mit dem geriebenen Meerrettich und den Dillzweigen garnieren.

Suppen

SOMMERLICHE FISCHSUPPE

WEINEMPFEHLUNG
Die deutlich von Gewürzen wie Curry und Safran, aber auch von Kräutern und Fenchel geprägte Suppe verlangt nach CLASSIC-Weinen der Rebsorten Grauburgunder aus dem Anbaugebiet Pfalz oder Müller-Thurgau aus dem Anbaugebiet Franken.

ZUTATEN

für 4 Personen

1 l Fischfond (siehe Grundrezept auf S.14)
100 g Karotten
100 g Sellerie
5 Lauchzwiebeln
100 g Fenchel
1 TL Currypulver
2 g Safranpulver
Cayennepfeffer, Salz
10 Kirschtomaten, halbiert
100 g Kaiserschoten
2 EL Kräuter (Dill, Schnittlauch, Kerbel, Estragon u.ä.)
400 g Fischfilets (Lachs, Seeteufel, Forelle u.ä.)
200 g Meeresfrüchte (Krabben, Gambas, Muscheln, Garnelen u.ä.)

ZUBEREITUNG

1. Zur Vorbereitung Karotten, Sellerie, Lauchzwiebeln und Fenchel in feine Streifen schneiden.

2. Kräuter feinhacken oder feinschneiden.

3. Kaiserschoten blanchieren und abschrecken. Anschließend in Stücke schneiden.

4. Fischfilets und Meeresfrüchte in mundgerechte Stücke zerteilen.

5. Fischfond kräftig würzen und mit dem Fenchel aufkochen.

6. Die Karotten und Sellerie hinzufügen und für etwa 1 Minute mitkochen.

7. Bei reduzierter Hitze die Lauchzwiebeln, Kaiserschoten, Fischstücke und Meeresfrüchte dazugeben. Das Ganze etwa 10 Minuten ziehen lassen und zum Schluss die Kirschtomaten unterheben.

8. Mit Kräutern bestreuen und mit Knoblauchbrot servieren.

Vorspeisen

RILETTE VOM GEBEIZTEN LACHS

WEINEMPFEHLUNG
Der gebeizte Lachs und die verwendeten Kräuter verleihen dem Gericht eine würzig-herbe Note. Crème fraîche verfeinert das Gericht mit etwas Säure, die Zwiebeln mit etwas Schärfe. Interessant ist hier die Kombination mit einem Riesling C*LASSIC* aus der Pfalz oder einem Weißburgunder C*LASSIC* aus Baden.

ZUTATEN

für 4 Personen
400 g Lachs, gebeizt
2 EL Crème fraîche
1 EL Dill, fein gehackt
1 EL Schnittlauchröllchen
1 EL Basilikum, grob gezupft
2 EL Zitronensaft
4 EL Tomatenwürfel (siehe Grundrezept auf S.14)
2 EL Zwiebeln, fein gewürfelt
1 EL Winzeressig
1 EL Olivenöl
Salz und Pfeffer

ZUBEREITUNG

1. Den gebeizten Lachs in kleine Würfel schneiden.

2. Alle Zutaten miteinander vermengen und mit den Gewürzen und Kräutern abschmecken.

3. Für etwa 1 Stunde im Kühlschrank durchziehen lassen.

4. Die Masse mit einem Löffel zu Nocken abstechen und auf einem kleinen Salatbett servieren.

Vorspeisen

KANINCHENSÜLZE IN PINIENKERN-VINAIGRETTE

WEINEMPFEHLUNG
Die Sülze mit ihren Aromen von Gemüse und Lorbeer sowie Thymian wird pikant ergänzt durch das Traubenkernöl und den Dijon-Senf. Die Pinienkerne geben dem Gericht zusätzlich eine leicht nussige Note. CLASSIC - Weine der Rebsorten Spät- oder Grauburgunder aus den Anbaugebieten Nahe oder Baden sind hier die harmonische Ergänzung.

ZUTATEN

für 4 Personen

Für den Fond:
2 Kaninchenkeulen
50 g Karotten
50 g Sellerie
50 g Zwiebeln
50 g Lauch
1 Knoblauchzehe
1 Lorbeerblatt
10 Pfefferkörner
1 Thymianzweig
Meersalz

Für die Sülze:
200 ml Kaninchenfond (s.o.)
5 Blatt Gelatine
je 50 g blanchierte Karotten-, Sellerie-, Kohlrabi-, Lauchwürfel
1 TL Petersilie, gehackt

Für das Dressing:
3 EL Winzeressig
50 ml Traubenkernöl
½ TL Dijon-Senf
Salz, Pfeffer
50 g Pinienkerne, geröstet
20 ml Geflügelfond (siehe Grundrezept auf S.14)

ZUBEREITUNG

1. Gemüse grob würfeln, alle Zutaten für den Fond in einen Topf geben und mit Wasser bedeckt langsam aufkochen lassen, bis sich das Kaninchenfleisch leicht vom Knochen lösen lässt.

2. Das Fleisch in mundgerechte Würfel schneiden.

3. 200 ml des fertigen Fonds durch ein Tuch passieren.

4. Die Gelatine in kaltem Wasser einweichen, danach die eingeweichte Gelatine mit dem gesamten Kaninchenfleisch und den blanchierten Gemüsewürfeln in den passierten, noch warmen Fond geben.

5. Im Kühlschrank etwas anziehen lassen.

6. Die gehackte Petersilie zugeben und die Sülzenmasse in eine bereit gestellte Form füllen.

7. Im Kühlschrank 3 bis 4 Stunden fest werden lassen.

8. Für das Dressing die Zutaten miteinander vermengen, die Sülze in Scheiben auf Tellern anrichten und mit dem Dressing beträufeln.

Vorspeisen

WEINBERGSCHNECKEN MIT FENCHEL IM BLÄTTERTEIG

WEINEMPFEHLUNG

Der hohe Anteil an Crème fraîche sorgt für einen geschmeidigen Charakter. Des Weiteren bestimmen Aromen von Fenchel und Knoblauch sowie feine Butternuancen im Blätterteig das Gericht.
Harmonisch unterstrichen werden diese Aromen durch C^{LASSIC} - Weine der Rebsorten Rivaner oder Riesling aus den Anbaugebieten Nahe oder Rheinhessen.

ZUTATEN

für 4 Personen

1 Dose Weinbergschnecken
1 Fenchelknolle (klein), grob gewürfelt
40 g Butter, gekühlt
1 Knoblauchzehe, fein gewürfelt
1 Eigelb
50 g Schalotten, fein gewürfelt
5 cl Weißwein
150 g Crème fraîche
1 Päck. Blätterteigplatten (TK)
Petersilie, fein gehackt
1 TL Fenchelsamen
Salz, Pfeffer

ZUBEREITUNG

1. Die Knoblauchzehe und die Schalotten in etwas Butter anschwitzen, den Fenchel zugeben und bissfest dünsten.

2. Crème fraîche, Wein und den Schneckenfond in einen Topf geben, etwas reduzieren und den Rest der kalten Butter einrühren. Anschließend mit dem Stabmixer aufschlagen.

3. Fenchel, Schnecken und Petersilie in die Sauce geben, nach Wunsch würzen und warm halten.

4. Den Blätterteig auf ein Backblech legen, nach dem Auftauen mit einer Gabel ein Muster zeichnen und mit dem Eigelb bestreichen.

5. In den vorgeheizten Backofen schieben und bei 200 °C backen, bis der Blätterteig eine schöne braune Farbe hat.

6. Blätterteig aufschneiden und mit Schneckenragout füllen.

7. Mit frischem Weißbrot servieren.

Vorspeisen

LAUWARMER SPARGELSALAT MIT RUCOLA, PARMESAN UND LUFT-GETROCKNETEM SCHINKEN

WEINEMPFEHLUNG

Salz und Pfeffer werden sparsam eingesetzt. Der Zitronensaft wird vom Olivenöl aufgenommen und hebt den feinen Geschmack des Spargels hervor, der durch die würzigen Aromen des Rucolas und des Pesto angenehm ergänzt wird. Ein Rivaner Classic von Mosel-Saar-Ruwer oder ein Spätburgunder Classic aus Rheinhessen leisten hier gute Gesellschaft.

ZUTATEN

für 4 Personen
400 g deutscher Spargel
20 g Butter
1 Prise Zucker
Salz
100 g Rucola
50 g Parmesan, gehobelt
8 Scheiben Schinken, luftgetrocknet

Für das Pesto:
100 g Rucola
200 ml Olivenöl
Saft
1 Zitrone
1 Knoblauchzehe, grob zerkleinert
50 g Parmesan, gerieben
Salz, Pfeffer

Für die Vinaigrette:
50 ml Öl
3 EL Winzeressig
50 ml Spargelfond
Salz, Pfeffer

ZUBEREITUNG

1. Wasser in einem großen Topf zum Kochen bringen. Anschließend Butter, Salz und etwas Zucker zugeben.

2. Den Spargel darin bissfest kochen.

3. Aus Essig, Öl, Salz, Pfeffer und etwas Spargelsud eine Vinaigrette herstellen.

4. Den Spargel damit marinieren und sternförmig auf den Tellern anrichten.

5. Den Rucola in die Mitte der Teller platzieren und mit der restlichen Vinaigrette beträufeln.

6. Für das Pesto den Rucola grob zerkleinern und mit dem geriebenen Parmesan, Olivenöl, Zitronensaft, Knoblauch, Salz und Pfeffer im Mixer oder in der Moulinette pürieren.

7. Pro Teller 2 Scheiben Schinken dekorativ auflegen.

8. Den gehobelten Parmesan über den Salat verteilen und mit dem Pesto dekorieren.

Vorspeisen

SALAT MIT GEBRATENER PUTENLEBER IN TRAUBENKERNÖL-VINAIGRETTE

WEINEMPFEHLUNG

Der etwas intensivere Geschmack der Putenleber wird durch den Garvorgang und durch die Verwendung des Traubenkernöls noch verstärkt. Die Vinaigrette verbindet die feinen Aromen der Salate mit den würzigen Aromen der Leber. Rivaner C<small>LASSIC</small> - Weine oder Weißburgunder C<small>LASSIC</small> - Weine z.B. aus den Anbaugebieten Nahe oder Baden ergänzen dieses Gericht vorzüglich.

ZUTATEN

für 4 Personen
Salate der Saison (Frisée, Eichblatt, Radiccio etc.)

Für die Vinaigrette:
1 TL Senf
3 EL Winzeressig
50 ml Traubenkernöl
50 ml Geflügelfond (siehe Grundrezept auf S.14)
50 g Schalotten, fein gehackt
Salz, Pfeffer

Für die Putenleber:
50 g Butter
400 g Putenleber
2 EL Winzeressig
2 EL Geflügelfond
Traubenkernöl
Petersilie, fein gehackt

ZUBEREITUNG

1. Aus Essig, Öl, Schalotten, Geflügelfond, Senf, Salz und Pfeffer eine Vinaigrette rühren.

2. Die Salatblätter damit marinieren und dekorativ auf dem Teller anrichten.

3. Die Butter erhitzen, die Putenleber in die aufgeschäumte Butter legen und bei milder Hitze „steif" werden lassen.

4. Die Leber aus der Pfanne nehmen, erst dann salzen und pfeffern und im Backofen bei etwa 100 °C noch etwas nachziehen lassen.

5. Das Fett aus der Pfanne schütten, den verbliebenen Bratensatz mit 2 EL Winzeressig, 2 EL Geflügelfond und dem Saft, der aus der Putenleber austritt, ablöschen.

6. Bis zur Dickflüssigkeit reduzieren und mit etwas Traubenkernöl binden.

7. Die Putenleber aufschneiden (sie sollte innen noch etwas rosa sein), an den Salat legen, mit dem Bratenfond beträufeln und mit der Petersilie garnieren.

Vorspeisen

SPAGHETTINI-SALAT MIT VONGOLE-MUSCHELN UND KAISERSCHOTEN

WEINEMPFEHLUNG
Die getrockneten Tomaten sowie die Aromen von Dill und Kerbel geben dem Gericht eine pikant-würzige Note, die durch die Verwendung von Kaiserschoten um eine leicht vegetative Nuance bereichert wird.
Classic - Weine der Rebsorten Rivaner oder Silvaner aus den Anbaugebieten Pfalz oder Rheinhessen unterstreichen besonders gut diese Geschmackskomponenten.

ZUTATEN

für 4 Personen

400 g Spaghettini, gekocht
100 g Tomatenwürfel (siehe Grundrezept S.14)
20 g Tomaten (getrocknet), gewürfelt
200 g Kaiserschoten
3 cl Weißwein
1 Knoblauchzehe
100 g Vongolemuschelfleisch (= 600 g frische Muscheln)
3 EL Winzeressig
50 ml Olivenöl
50 ml Geflügelfond (siehe Grundrezept auf S.14)
Salz, Pfeffer
1 TL Dill, fein gehackt
1 TL Kerbel, fein gehackt

ZUBEREITUNG

1. Die Muscheln in Weißwein mit der Knoblauchzehe etwa 4 - 5 Minuten dünsten (bis sich die Schalen öffnen).

2. Muschelfleisch vorsichtig auslösen.

3. Kaiserschoten blanchieren, abschrecken und in feine Streifen schneiden.

4. Aus Essig, Öl und den Gewürzen eine Vinaigrette herstellen und alle Zutaten unter die Vinaigrette heben.

5. Kalt servieren!

Fleischgerichte

ENTENBRUST MIT ZITRUSFRÜCHTEN UND ORANGENPOLENTA

WEINEMPFEHLUNG

Die verwendeten Früchte geben dem Gericht fruchtig-süße Nuance. Daher sollten Weine gereicht werden, die die Aromen widerspiegeln, z.B. Classic-Weine der Rebsorten Spätburgunder aus Baden oder Dornfelder aus der Pfalz.

ZUTATEN

für 4 Personen

Für die Entenbrüste:
4 Entenbrüste
Öl
Salz und Pfeffer

Für die Sauce:
100 ml dunkler Kalbsfond
(siehe Grundrezept auf S.15)
2 Grapefruits rosa, filetiert
1 Orange, filetiert
Saft der filetierten Zitrusfrüchte
10 g Butter, gekühlt
Salz, Pfeffer

Für die Orangenpolenta:
1 Pck. Polenta
Orangensaft
Geflügelfond (siehe Grundrezept auf S.14)

ZUBEREITUNG

1. Die Entenbrüste mit Salz und Pfeffer würzen

2. In heißem Öl auf der Fleischseite kurz anbraten, sofort wenden und auf der Hautseite bei mittlerer Hitze garen, bis die Haut schön knusprig ist.

3. Nochmals wenden und auf der Fleischseite einige Minuten garen.

4. Die Entenbrust warm stellen.

5. Das Öl ausschütten und den Bratsatz mit dem Kalbsfond und dem Saft der filetierten Zitrusfrüchte ablöschen. Auf die gewünschte Konsistenz einkochen.

6. Die kalte Butter einrühren und die Zitrusfrüchte in die Sauce geben, jedoch nicht mehr kochen lassen. Nach Wunsch mit Salz und Pfeffer abschmecken.

7. Die Entenbrüste schräg in Scheiben schneiden und mit der Sauce nappieren.

8. Für die Orangenpolenta die auf der Packungsanweisung angegebene Menge Wasser durch je zur Häfte Orangensaft und Geflügelfond ersetzen.

9. Die Polenta unter Rühren aufkochen.

Fleischgerichte

PERLHUHNBRUST MIT MORCHELN IN WEISSWEIN

WEINEMPFEHLUNG

Geschmacksgeber sind hier der Weißwein und die Morcheln. Die Schalotten vermitteln eine leicht süßliche Note als Gegenpol zu der Säure des Weines.

C<small>LASSIC</small> - Weine mit dezentem Bukett der Rebsorten Silvaner aus dem Anbaugebiet Rheinhessen oder Riesling aus dem Anbaugebiet Pfalz ergänzen angenehm das Gericht.

ZUTATEN

für 4 Personen
4 Perlhuhnbrüste
60 g Butter, gekühlt
10 g Morcheln, getrocknet
50 g Schalotten, fein gewürfelf
150 ml Weißwein
200 ml Geflügelfond (siehe Grundrezept auf S.14)
100 ml Crème fraîche
Mehl, Salz, Pfeffer
1 TL Estragon

ZUBEREITUNG

1. Die Morcheln etwa 3 Stunden in etwas Wasser einweichen. Danach gut waschen und halbieren.

2. Den Morchelfond durch ein Tuch passieren und für die Sauce aufheben.

3. Die Perlhuhnbrüste würzen und leicht mit Mehl bestäuben. Einen Teil der Butter in der Pfanne aufschäumen und die Perlhuhnbrüste darin hellbraun anbraten.

4. Die Morcheln ebenfalls in etwas Butter andünsten.

5. Morcheln und Perlhuhn aus der Pfanne nehmen und im Bratensatz die Schalotten glasig dünsten.

6. Das Ganze mit dem Weißwein, dem Geflügelfond und dem Fond der eingeweichten Morcheln ablöschen und aufkochen.

7. Die Perlhuhnbrüste in den Fond legen und etwa 20 - 25 Minuten darin pochieren, anschließend herausnehmen.

8. Crème fraîche zugeben, zur gewünschten Konsistenz einkochen und mit dem Rest der kalten Butter aufmixen.

9. Morcheln, Perlhuhn und Estragon in die Sauce geben und etwa 1 Minute nachziehen lassen.

Dazu passen Nudeln oder Rösti.

Fleischgerichte

HÄHNCHENBRUSTROULADE MIT LEBER GEFÜLLT IN ROSINENJUS

WEINEMPFEHLUNG
Der Rotwein und die Rosinen gehen hier eine interessante Verbindung ein, die von feinherben bis süß-aromatischen Noten geprägt ist. Ein Spätburgunder C<small>LASSIC</small> aus Württemberg oder ein Dornfelder C<small>LASSIC</small> aus der Pfalz harmonieren vorzüglich mit der Sauce.

ZUTATEN

für 4 Personen
4 Hähnchenbrüste à 150 g
120 g Geflügelfarce (siehe Grundrezept auf S.14)
200 g Hähnchenleber
50 g Gemüsewürfel
(Karotten, Sellerie, Lauch)
1 TL Petersilie, fein gehackt
50 g Rosinen
6 cl Riesling Auslese
100 ml dunkler Kalbsfond
(siehe Grundrezept auf S.15)
100 ml Rotwein
30 g Butter
Salz und Pfeffer

ZUBEREITUNG

1. Zur Vorbereitung die Rosinen über Nacht in 6 cl Riesling Auslese einweichen.

2. Die Hähnchenbrüste seitwärts ein-, jedoch nicht durchschneiden, auseinander klappen und etwas plattieren.

3. Mit Salz und Pfeffer würzen und mit der Farce bestreichen.

4. Anschließend die Gemüsewürfel und die Petersilie gleichmäßig über die Hähnchenbrüste verteilen.

5. Die Leber mit etwas Butter kurz anbraten und ebenfalls auf die Hähnchenbrüste verteilen.

6. Zu einer Roulade aufrollen.

7. Die Hähnchenbrüste fest in gebutterter Alufolie einrollen und die Enden gut verschließen.

8. In heißem Wasser bei 90 °C etwa 18 - 20 Minuten pochieren.

9. Für die Sauce den Kalbsfond, Rotwein und die Rosinen (mit Fond) auf die gewünschte Konsistenz reduzieren. Nach Wunsch mit Salz und Pfeffer würzen.

10. Die Roulade in Scheiben schneiden und mit der Sauce beträufeln.

Dazu passen Nudeln oder Reis.

Fleischgerichte

LAMMHAXE IN BURGUNDER GESCHMORT

WEINEMPFEHLUNG

Der Schmorvorgang intensiviert das Aroma des Fleisches. Der Knoblauch und die frischen Kräuter sorgen zusätzlich für ein feinherbes Geschmacksbild. Gerbstoffbetonte CLASSIC Rotweine der Rebsorte Spätburgunder aus den Anbaugebieten Baden oder Ahr sind besonders gut geeignete Speisebegleiter.

ZUTATEN

für 4 Personen
4 Lammhaxen
100 g Karotten, gewürfelt
100 g Petersilienwurzeln, gewürfelt
100 g Schalotten, gewürfelt
3 Knoblauchzehen, gewürfelt
2 EL Tomatenmark
1 Zweig Rosmarin
1 Zweig Thymian
1 Zweig Salbei
2 Lorbeerblätter
500 ml Spätburgunder
250 ml Lammfond (Glas)
Öl
Stärkepulver
Salz, Pfeffer

ZUBEREITUNG

1. Die Lammhaxen salzen und pfeffern.

2. In Öl von allen Seiten anbraten.

3. Die Karotten, Petersilienwurzeln, Schalotten und Knoblauchzehen dazu geben und mitbraten.

4. Das Tomatenmark kurz mitrösten.

5. Mit dem Spätburgunder und dem Lammfond ablöschen. Eventuell etwas Wasser zugeben, so dass die Haxen bedeckt sind.

6. Die frischen und getrockneten Kräuter hinzufügen.

7. Bei kleiner Hitze köcheln lassen, bis das Fleisch weich ist.

8. Die Haxen aus dem Fond nehmen und warm stellen.

9. Den Fond durch ein Sieb passieren und entfetten. Anschließend etwas einkochen und mit Salz und Pfeffer abschmecken.

10. Gegebenenfalls mit etwas angerührter Speisestärke binden.

Dazu passen Salzkartoffeln oder Reis.

Fleischgerichte

KALBSLEBER MIT JOHANNISBEEREN

WEINEMPFEHLUNG
Der Geschmack der Kalbsleber wird durch den Johannisbeernektar und den Rotwein fruchtig-aromatisch verfeinert. Diese Nuancen spiegelt sehr schön ein Dornfelder Classic aus den Anbaugebieten Pfalz oder Rheinhessen wider.

ZUTATEN

für 4 Personen
4 Scheiben Kalbsleber à 160 g
100 ml schwarzer Johannisbeernektar
100 ml dunkler Kalbsfond
6 cl Dornfelder Rotwein
20 g Butter, gekühlt
100 g Johannisbeeren
Butterschmalz
Salz, Pfeffer

ZUBEREITUNG

1. Die Kalbsleber in Butterschmalz bei mittlerer Hitze anbraten.

2. Aus der Pfanne nehmen, mit Salz und Pfeffer würzen und warm stellen.

3. Das Fett abschütten.

4. Den Bratsatz mit dem Nektar, Kalbsfond und dem Dornfelder Rotwein ablöschen.

5. Auf die gewünschte Konsistenz einkochen, ggf. mit Salz und Pfeffer würzen und die kalte Butter einrühren.

6. Einige Johannisbeeren in die Sauce geben.

7. Die Kalbsleber auf den Teller legen und mit der Sauce beträufeln.

8. Mit einer Johannisbeerrispe garnieren.

Dazu passen Kartoffelpüree oder Petersilienwurzelpüree.

Fleischgerichte

POCHIERTES RINDERFILET MIT MEERRETTICH-HOLLANDAISE

WEINEMPFEHLUNG

Der würzig-buttrige Geschmack der Hollandaise wird hervorragend ergänzt durch jugendliche Weißweine, die eine belebende Säure aufweisen. Riesling Classic aus dem Anbaugebiet Rheingau sowie Rivaner Classic aus Rheinhessen führen zu einem einzigartigen Geschmackserlebnis.

ZUTATEN

für 4 Personen
800 g Rinderfilet
1 l Gemüse- oder Fleisch-
fond (siehe Grundrezept auf
S.14)
3 Eigelb
200 g Butter, flüssig
200 ml Weißwein
50 g Schalotten, gewürfelt
3 EL Meerrettich
Meersalz
Pfeffer

ZUBEREITUNG

1. Das Rinderfilet in die kochende Brühe legen, so dass das Fleisch bedeckt ist.

2. Das Filet bei 90 °C je nach Dicke des Fleischstückes etwa 20 - 25 Minuten pochieren.

3. Das Filet aus der Brühe nehmen und 10 Minuten in Alufolie eingewickelt ruhen lassen.

4. Die Schalotten in einen Topf geben, den Wein hinzufügen und das Ganze etwas reduzieren, anschließend durch ein Sieb passieren und danach erkalten lassen.

5. Da sich die Hollandaise nicht lange warm halten lässt, sollte sie unmittelbar vor dem Servieren hergestellt werden, indem man die abgekühlte Reduktion mit dem Eigelb, Salz und Pfeffer über einem Wasserbad aufschlägt, bis die Masse zu stocken beginnt.

6. Am Herdrand die flüssige Butter langsam unter ständigem Rühren zugeben.

7. Zum Schluss den geriebenen Meerrettich unterheben.

8. Das Fleisch in Scheiben schneiden, mit etwas Meersalz und frisch gemahlenem Pfeffer würzen und mit der Hollandaise nappieren.

Dazu passen Salzkartoffeln.

Fleischgerichte

RÖSTITALER MIT BLUT- UND LEBER-WURST IN SENF-KRÄUTER-SAUCE AUF WIRSINGGEMÜSE

WEINEMPFEHLUNG

Bei diesem Gericht treffen wir auf eine Fülle verschiedener Aromen. Blut- und Leberwurst sowie Majoran und Wirsing verbinden sich mit den Kartoffeln zu einem wahrhaft herzhaften Gericht.

C<small>LASSIC</small> - Weine der Rebsorten Rivaner oder Weißburgunder aus den Anbaugebieten Saale-Unstrut oder Sachsen korrespondieren hier besonders gut.

ZUTATEN

für 4 Personen

Für die Röstitaler:
400 g Kartoffeln, gekocht
8 dünne Scheiben Leberwurst
8 dünne Scheiben Blutwurst
½ TL Majoranblätter, frisch
½ TL Petersilie, fein gehackt
1 Ei
Salz, Pfeffer, Butterschmalz

Für die Sauce:
150 g Sahne
50 g Geflügelfond (siehe Grundrezept auf S.14)
2 EL Senf, grob
Salz, Pfeffer,
Schnittlauchröllchen
Petersilie, fein gehackt

Für das Wirsinggemüse:
8 grüne Wirsingblätter
4 cl Geflügelfond (siehe Grundrezept auf S.14)
4 cl Sahne
Salz, Pfeffer
Muskat, gemahlen

ZUBEREITUNG

1. Die Kartoffeln grob reiben und mit den Gewürzen, Kräutern und dem Ei vermengen.

2. Die Hälfte des Rösti-Teiges zu 8 kleinen Talern formen und mit jeweils 1 dünnen Scheibe Blut- und Leberwurst belegen. Mit der restliche Masse abdecken. Die Röstis fest andrücken und in heißem Butterschmalz ausbacken.

3. Für die Sauce die Sahne und den Fond etwas einkochen. Salz, Pfeffer und Senf zugeben und die gehackten Kräuter unterheben.

4. Den Wirsing im kochenden Wasser kurz blanchieren, dann in Eiswasser abschrecken. Abtrocknen, in ganz feine Streifen schneiden.

5. Sahne und Brühe zum Kochen bringen und dabei den Wirsing mitkochen. Mit Salz, Pfeffer und etwas Muskat würzen.

6. Den Wirsing in der Tellermitte anrichten, die Röstitaler darauf legen und mit der Sauce umgießen.

Fleischgerichte

SCHWEINEFILET-MEDAILLONS IN SCHIMMELPILZ-KÄSERAHM AUF LAUCHGEMÜSE

WEINEMPFEHLUNG

Das Fleisch ist sehr zart und gewinnt durch den Bratvorgang an Geschmack. Die würzigen Aromen sowie die cremige Konsistenz der Sauce verlangen aromatisch-geschmeidige C<small>LASSIC</small> - Weine der Rebsorten Riesling oder Rivaner aus den Anbaugebieten Rheinhessen oder Württemberg.

ZUTATEN

für 4 Personen

Für die Schweinefilet-Medaillons:
12 Schweinefilet-Medaillons à 50 g
Öl
100 ml Sahne
100 ml Geflügelfond (siehe Grundrezept auf S.14)
4 cl Weißwein
100 g Blauschimmelkäse
20 g Butter, gekühlt

Für das Lauchgemüse:
4 Lauchstangen
20 g Butter
Salz, Pfeffer
Schnittlauchröllchen

ZUBEREITUNG

1. Die Medaillons in heißem Öl von beiden Seiten anbraten, die Hitze reduzieren, etwas Butter zugeben, fertig braten und warmstellen.

2. Das Fett abschütten.

3. Den Bratsatz mit Sahne, Wein und Fond ablöschen und etwas reduzieren.

4. Den Käse und den Rest der kalten Butter zugeben und mit dem Stabmixer aufmixen.

5. Den Lauch waschen, nur das Weiße in Ringe schneiden. (Den Rest für die Herstellung von Brühen etc. verwenden)

6. Die Lauchscheiben in etwas Butter ganz kurz andünsten, danach salzen und pfeffern und auf der Tellermitte anrichten.

7. Die Medaillons auf den Lauch setzen, mit der Sauce überziehen und mit Schnittlauch garnieren.

Dazu passen Nudeln oder Reis.

Fleischgerichte

SCHWEINEFILETS IM BLÄTTERTEIG AUF AUSTERNPILZEN

WEINEMPFEHLUNG

Wegen der Teighülle bleibt nicht nur das Aroma des Fleisches erhalten, sondern es wird auch noch zusätzlich konzentriert. Die Austernpilze und der Speck liefern eine herb-würzige Geschmacksnuance. Hier empfehlen wir CLASSIC- Weine der Rebsorten Spätburgunder aus dem Anbaugebiet Baden oder Grauburgunder aus dem Anbaugebiet Pfalz.

ZUTATEN

für 4 Personen

Für die Schweinefilets:
400 g Schweinefilet
100 g Geflügelfarce (siehe Grundrezept auf S.14)
4 Wirsingblätter
50 g Trompetenpfifferlinge
10 g Butter
1 TL Petersilie, fein gehackt
200 g Blätterteig (TK)
1 Eigelb

Für die Austernpilze:
200 g Austernpilze
100 ml Sahne
20 g Speck, durchwachsen
20 g Butter, gekühlt
Salz, Pfeffer

Für die Sauce:
200 ml dunkler Kalbsfond (siehe Grundrezept auf S.15)
Salz, Pfeffer
Kerbel

ZUBEREITUNG

1. Die Trompetenpfifferlinge in Wasser einweichen, klein hacken und in Butter andünsten.

2. Die Wirsingblätter blanchieren und abschrecken.

3. Das Schweinefilet mit Salz und Pfeffer würzen und von beiden Seiten kurz in Öl anbraten.

4. Die Geflügelfarce mit den Trompetenpfifferlingen und der Petersilie mischen.

5. Das Schweinefilet mit dieser Mischung bestreichen und in die Wirsingblätter einwickeln.

6. Anschließend das Schweinefilet in den ausgerollten Blätterteig einwickeln und mit dem Eigelb bestreichen.

7. Im vorgeheizten Ofen bei 200 °C etwa 20 - 25 Minuten backen.

8. Den Speck in feine Streifen schneiden und mit der Hälfte der Butter anschwitzen, die Austernpilze dazugeben, scharf anbraten und mit der Sahne ablöschen.

9. Das Ganze etwas reduzieren, nach Wunsch würzen und mit dem Rest der kalten Butter binden.

10. Für die Sauce den Kalbsfond sirupartig einkochen.

11. Das Schweinefilet auf den Austernpilzen anrichten, mit Kerbel und dem Kalbsfond dekorieren.

Fleischgerichte

KASSLER AUS DER FOLIE AUF RAHMSAUERKRAUT

WEINEMPFEHLUNG

Der leicht rauchig-salzige Charakter des Kasslers bekommt durch das Rahmsauerkraut eine milde, süßliche Note. Das Fleisch wird durch den Garvorgang sehr mürbe. Mineralische Riesling Classic aus Württemberg oder herzhafte Silvaner Classic aus Franken lassen das Gericht zu einem vollendet schmackhaften Erlebnis werden.

ZUTATEN

für 4 Personen

Für das Kassler:
600 g Kassler
je 100 g Karotten, Sellerie, Zwiebeln, grob gewürfelt
1 Knoblauchzehe, grob gewürfelt
100 ml Weißwein
1 Lorbeerblatt
1 Thymianzweig
1 Bratschlauch

Für die Sauce:
100 ml dunkler Kalbsfond (siehe Grundrezept auf S.15)
20 g Butter, gekühlt

Für das Sauerkraut:
300 g Sauerkraut
50 g Schalotten, in Streifen
150 ml Weißwein
1 Lorbeerblatt
2 Wacholderbeeren
20 g Butter
100 ml Sahne
Salz und Pfeffer

ZUBEREITUNG

1. Das Kassler mit den Gewürzen, dem Gemüse und dem Wein in den Bratschlauch geben, zubinden und im Backofen bei 160 °C etwa 40 - 50 Minuten garen.

2. Für das Sauerkraut die Schalotten in Butter andünsten, das Sauerkraut und die restlichen Zutaten zugeben und etwa 10 Minuten köcheln lassen. Mit Salz und Pfeffer abschmecken.

3. Für die Sauce den Bratenfond aus dem Schlauch in einen Topf passieren und mit dem Kalbsfond auf die gewünschte Konsistenz einkochen. Anschließend mit der kalten Butter binden und mit Salz und Pfeffer abschmecken.

4. Das Sauerkraut in der Tellermitte anrichten.

5. Das Kassler in Scheiben schneiden, auf das Kraut legen und mit der Sauce nappieren.

Dazu passen Bratkartoffeln.

Fleischgerichte

SCHWEINENIERCHEN IN BALSAMICOJUS MIT RÖSTI

WEINEMPFEHLUNG
Bestimmt wird dieses Gericht durch die aromatische und dezent-säuerliche Note der gereichten Sauce. Der für die Sauce verwendete dunkle Kalbsfond steuert zusätzlich Röstaromen bei. Gerbstoffbetonte C^{LASSIC} - Weine der Rebsorte Dornfelder aus dem Anbaugebiet Rheinhessen oder der Rebsorte Lemberger aus dem Anbaugebiet Württemberg sind deshalb bestens geeignet.

ZUTATEN

für 4 Personen

Für die Nieren:

4 Schweinenieren

Öl, Salz, Pfeffer

50 g Schalotten, gewürfelt

8 cl Balsamicoessig

½ TL Senf, scharf

100 ml Rotwein

100 ml dunkler Kalbsfond
(siehe Grundrezept auf S. 15)

1 EL Schnittlauchröllchen

1 EL Tomatenwürfel

40 g Butter, gekühlt

Für die Rösti:

300 g Kartoffeln, gekocht

1 Ei

80 g Speck, durchwachsen

1 TL Majoran

Muskat

Butterschmalz

Salz und Pfeffer

ZUBEREITUNG

1. Die Nieren 2 Stunden wässern, anschließend halbieren und von allen Sehnen und weißen Teilen befreien.

2. Die Nieren in Streifen schneiden und in heißem Öl nur kurz anbraten, aus der Pfanne nehmen und warm halten.

3. In den Bratensatz die Hälfte der Butter geben und die Schalotten darin anschwitzen.

4. Mit dem Essig ablöschen und solange weiterkochen lassen, bis der Essig fast ganz verkocht ist.

5. Senf, Rotwein und Kalbsfond zugeben und zur gewünschten Konsistenz köcheln lassen, anschließend mit dem Rest der kalten Butter binden.

6. Die Tomatenwürfel unterheben.

7. Die Schweinenierchen in die Sauce geben, nochmals kurz nachziehen, jedoch nicht mehr kochen lassen.

8. Für die Rösti die erkalteten Kartoffeln fein reiben, den Speck fein würfeln und mit Ei, Kräutern und Gewürzen mischen.

9. Zu Talern formen und in heißem Butterschmalz braten.

10. Die Nierchen mit den Röstis auf Tellern anrichten und mit dem Schnittlauch bestreuen.

Fischgerichte

LACHS IM FILOTEIG

WEINEMPFEHLUNG

In der Teighülle entwickelt der Lachs seinen vollen Geschmack. Der Dill und Mangold ergänzen ihn mit feinwürzigen Aromen. Deshalb fordert dieses Gericht C LASSIC - Weine der Rebsorten Riesling von Mosel-Saar-Ruwer oder Silvaner aus Rheinhessen.

ZUTATEN

für 4 Personen

Für den Lachs:
4 Lachsfilets à 150 g
200 g Fischfarce mit gehacktem Dill (siehe Grundrezept auf S.14)
3 Mangoldblätter, groß
4 Blätter Filoteig
Salz, Pfeffer
Butter, flüssig

Für die Sauce:
100 ml Fischfond (siehe Grundrezept auf S.14)
4 cl Weißwein
100 g Crème fraîche
1 EL Schalotten, fein gehackt
Salz, Pfeffer
0,1 g Safranfäden

Für die Garnitur:
Dillzweige

ZUBEREITUNG

1. Die Mangoldblätter blanchieren und abschrecken.

2. Das mit Salz und Pfeffer gewürzte Lachsfilet mit der Fischfarce bestreichen und in die Mangoldblätter einwickeln.

3. Diese Roulade dann in die gebutterten Teigblätter einschlagen (siehe Packungsbeilage).

4. Den Fisch bei 200 °C etwa 12 - 15 Minuten im Ofen garen lassen.

5. Für die Sauce die Schalotten in etwas Butter anschwitzen und mit dem Fischfond und der Crème fraîche auffüllen. Anschließend die Safranfäden zugeben.

6. Bis zur gewünschten Konsistenz einkochen und aufmixen.

7. Den Lachs am besten mit dem Elektromesser aufschneiden, an die Sauce setzen und mit Dillzweigen garnieren.

Fischgerichte

FORELLE „ASIATISCH" IN DER FOLIE

WEINEMPFEHLUNG

Durch das Garen in der Folie werden Duft und Geschmack noch intensiviert. Das Gericht ist geprägt von starken Gewürzen wie Ingwer, Chili und Koriander. Die dazu gereichten Weine sollten ebenso geschmacksintensiv sein. Hier eignen sich vorzüglich Grauburgunder C<small>LASSIC</small> aus der Pfalz oder Müller-Thurgau C<small>LASSIC</small> aus Franken.

ZUTATEN

für 4 Personen
4 Forellen, küchenfertig
150 g Frühlingszwiebeln, in Streifen
50 g Ingwerwurzel, fein gewürfelt
1 Knoblauchzehe, fein gewürfelt
1 Chilischote (klein), fein gewürfelt
1 Bund Koriandergrün
2 EL Sojasauce, hell
1 EL Sesamöl
Salz, Pfeffer
Alufolie

ZUBEREITUNG

1. Die Forellen innen und außen mit Salz, Pfeffer und der Sojasauce würzen.

2. Den größten Teil der Kräuter und des Gemüses in die Forelle füllen, den Rest auf die Forellenhaut legen.

3. Alufolie mit Sesamöl einstreichen.

4. Die Forelle auf die Folie legen und einwickeln. Dabei die Enden fest verschließen.

5. Im Backofen bei 200 °C etwa 20 Minuten garen lassen.

Dazu passt Reis.

Fischgerichte

PICCATA VOM SEETEUFEL AUF TOMATENRISOTTO

WEINEMPFEHLUNG

Durch den verwendeten Parmesan erlangt das Gericht einen sehr intensiven Geschmack. Das Risotto liefert durch die Verwendung der Tomaten eine weiche Säure und eine dezent buttrige Note. Somit kann man ein nuancenreiches Geschmacksbild erwarten. Ähnliche Eigenschaften sollten auch die korrespondierenden Weine besitzen. Diese findet man ausgezeichnet bei Classic-Weinen der Rebsorte Grauburgunder aus der Pfalz oder aus Rheinhessen.

ZUTATEN

für 4 Personen

Für den Fisch:
8 Seeteufelfilets à 50 g
Salz, Pfeffer, Öl
Thymian
4 EL Paniermehl
1 EL Parmesan, gerieben
2 Eiweiß, verquirlt

Für das Risotto:
100 g Risottoreis
600 ml Geflügelfond ohne Salz gekocht (siehe Grundrezept auf S.14)
1 EL Olivenöl
50 g Schalotten, fein gewürfelt
1 Knoblauchzehe, fein gewürfelt
1 EL Tomaten (getrocknet), gewürfelt
2 EL Tomatenwürfel (siehe Grundrezept auf S.14)
100 g Tomaten, passiert (z.B. Tetrapack)
20 g Butter
30 g Parmesan
Salz, Pfeffer

ZUBEREITUNG

1. Für das Risotto die Schalotten, den Knoblauch und die getrockneten Tomaten in Olivenöl andünsten.

2. Den Reis zugeben und mitdünsten. Nach und nach mit dem heißen Geflügelfond unter häufigem Rühren auffüllen (Dauer etwa 20 - 30 Minuten).

3. Das Risotto sollte eine cremige Konsistenz erlangen. Der Reis sollte dabei noch „Biss" haben.

4. Kurz vor Ende der Garzeit die passierten Tomaten, die Tomatenwürfel, Butter und Parmesan unterheben.

5. Mit den Gewürzen abschmecken.

6. Für den Fisch aus dem Paniermehl und dem Parmesan eine Mischung herstellen.

7. Die mit Salz und Pfeffer gewürzten Filets in das verquirlte Eiweiß tauchen und mit der Paniermehl-Parmesan-Mischung panieren.

8. Im heißen Öl ausbacken.

9. Piccata auf dem Risotto anrichten und mit dem Parmesan dekorieren.

Fischgerichte

ROTBARSCHFILET MIT KRABBEN IN PAPRIKASAUCE

WEINEMPFEHLUNG

Das mediterran anmutende Gericht ist mäßig scharf und von säuerlichem Grundcharakter. Ideale Speisenbegleiter sind CLASSIC - Weine der Rebsorte Weißburgunder aus den Anbaugebieten Pfalz oder Rheinhessen.

ZUTATEN

für 4 Personen

Für den Fisch:
600 g Rotbarschfilet
100 g Krabben

Für die Sauce:
200 g Sahne
200 ml Fischfond (siehe Grundrezept auf S.14)
50 g Schalotten
100 g rote Paprika, gewürfelt
6 cl Weißwein
4 cl Noilly Prat (trockener Wermut)
20 g Butter, gekühlt
Butterschmalz

ZUBEREITUNG

1. Die kleingewürfelten Schalotten in etwas Butter andünsten.

2. Mit dem Fischfond, Weißwein und Noilly Prat ablöschen und aufkochen lassen.

3. Die gewürzten Filets in diesem Fond nicht ganz garziehen lassen, herausnehmen und warm stellen.

4. Die Sahne in den Fond geben und zur gewünschten Konsistenz einkochen lassen.

5. Paprika und kalte Butter hinzufügen und mit dem Stabmixer solange pürieren, bis sich eine schöne rote Farbe ergibt.

6. Die Sauce zurück in den Topf passieren, nochmals erwärmen und den Fisch und die Krabben darin fertig garen.

7. Den Fisch in die Tellermitte platzieren, die Krabben darauf dekorieren und das Ganze mit der Sauce nappieren.

Dazu passen Reis, Nudeln oder Kartoffeln.

Fischgerichte

ZANDER AUF KONFITÜRE VON ROTEN ZWIEBELN

WEINEMPFEHLUNG
Dieses herb-würzige Gericht verlangt nach einem im Geschmack ebenbürtigen Wein mit nicht zu deutlichen Gerbstoffen. Am besten eignen sich deshalb C{LASSIC}-Weine der Rebsorten Trollinger aus dem Anbaugebiet Württemberg sowie Spätburgunder aus dem Anbaugebiet Pfalz.

ZUTATEN

für 4 Personen

Für den Zander:
4 Zanderfilets à 150 g
Salz und Pfeffer
Butterschmalz

Für die Konfitüre von roten Zwiebeln:
300 g rote Zwiebeln
20 g Butter
200 ml edelsüßer Wein, z.B. Auslese
300 ml Rotwein
2 cl Winzeressig
1 Prise Zucker
Salz, Pfeffer

Für die Sauce:
100 ml Fischfond (siehe Grundrezept auf S.14)
100 ml Crème fraîche
20 g Butter, gekühlt
Salz, Pfeffer

Für die Garnitur:
1 Paprikaschote, gelb
20 g Butter
Dill

ZUBEREITUNG

1. Die Zwiebeln in feine Streifen schneiden und in der Butter anschwitzen.

2. Mit dem Rot- und Süßwein sowie dem Winzeressig ablöschen. Mit Salz und Pfeffer würzen und unter Umrühren leise köcheln lassen, bis die Zwiebeln gar sind und der Wein sirupartig eingekocht ist.

3. Fischfond, Crème fraîche und den edelsüßen Wein auf die gewünschte Konsistenz reduzieren, würzen und mit der kalten Butter aufschlagen.

4. Den Zander würzen und in Butterschmalz braten.

5. Paprika in kleine Würfel schneiden und in der Butter leicht anschwitzen.

6. Die Zwiebeln in der Mitte der vorgewärmten Teller anrichten, mit der Sauce umgießen, den Zander auf die Zwiebeln platzieren und mit Paprikawürfeln dekorieren.

7. Mit Dill garnieren.

Dazu passen Salzkartoffeln.

Pastagerichte

FEINE BANDNUDELN MIT TOMATEN UND LIMONENFILETS

WEINEMPFEHLUNG

Die mediterranen Elemente des Gerichtes – Limonen, Knoblauch, Basilikum sowie Olivenöl – verlangen geradezu nach einem Grauburgunder Classic aus den Anbaugebieten Pfalz oder Rheinhessen.

ZUTATEN

für 4 Personen

600 g Bandnudeln, gekocht
2 Limonen, in Filets geschnitten
100 g Tomatenwürfel (siehe Grundrezept S.14)
50 g Zwiebeln, fein gewürfelt
Saft von 2 Limonen
1 Knoblauchzehe, fein gewürfelt
1 EL Schnittlauch, fein geschnitten
1 Bund Basilikum, grob gezupft
2 EL Winzeressig
8 EL Olivenöl
Salz und Pfeffer

ZUBEREITUNG

1. Winzeressig mit Olivenöl kurz aufkochen lassen.

2. Mit den übrigen Zutaten in die noch lauwarmen Bandnudeln geben.

3. Alles gut miteinander mischen.

4. Lauwarm servieren.

Pastagerichte

RIGATONI MIT MUSCHELN IN CURRY-SAUCE

WEINEMPFEHLUNG
Die deutlich von Curry und Gemüsen geprägte Sauce durchzieht die Nudeln und die Muscheln. Der sich ergebende pikante Geschmack harmoniert besonders gut mit einem Weiß- oder Grauburgunder C<small>LASSIC</small> aus Baden oder der Pfalz.

ZUTATEN

für 4 Personen

600 g Rigatoni, gekocht
1 kg Nordseemuscheln, gut gewaschen
100 ml Weißwein
1 Knoblauchzehe, fein gewürfelt
Je 50 g Sellerie, Karotten, Zwiebeln, fein gewürfelt
60 g Butter, gekühlt
200 ml Sahne
1 EL Curry-Pulver
75 g Sellerie in Streifen
75 g Karotten in Streifen
Dillzweige

ZUBEREITUNG

1. 20 g Butter in einen großen Topf geben, Zwiebel- und Gemüsewürfel mit dem Knoblauch darin andünsten und dem Weißwein ablöschen. Die Muscheln dazu geben, mit einem Deckel verschließen.

2. Unter ein- bis zweimaligem Umrühren die Muscheln bei großer Hitze andünsten, bis sich die Schalen geöffnet haben. Anschließend die Muscheln in ein Sieb schütten und dabei den Muschelfond in einem hohen, schmalen Gefäß auffangen.

3. Die Muscheln behutsam aus den Schalen lösen.

4. Vom Muschelfond vorsichtig 100 ml in einen Topf gießen (so dass möglicher Sand im Gefäß zurückbleibt).

5. Sahne und Currypulver zu dem Muschelfond geben und etwas einkochen lassen.

5. 20 g kalte Butter einrühren und das Ganze mit dem Stabmixer aufschlagen.

7. Die Gemüsestreifen separat in der restlichen Butter andünsten und mit dem ausgelösten Muschelfleisch der Sauce zugeben.

8. Zum Schluss die gekochten und noch warmen Nudeln unter die Muschelsauce heben und auf vorgewärmten Tellern anrichten.

9. Mit Dillzweigen garnieren.

Vegetarische Gerichte

AUBERGINENLASAGNE MIT RATATOUILLE IN TOMATENSAUCE

WEINEMPFEHLUNG

Deutliche Aromen von Paprika, Kräutern und Tomaten verlangen Weine mit kräftigem Aroma. Diesem Anspruch werden beispielsweise Spätburgunder Classic - Weine aus Rheinhessen oder Rivaner Classic - Weine aus Franken gerecht.

ZUTATEN

für 4 Personen
1 große Aubergine
50 g Zwiebeln, fein gewürfelt
1 Knoblauchzehe, gewürfelt
Je 100 g Zucchini, Tomatenfleisch, rote Paprika, grüne Paprika, gelbe Paprika, fein gewürfelt
1 TL frische Thymianblätter
3 EL Olivenöl
Salz, Pfeffer

Für die Tomatensauce:
200 g Tomatensaft (Flasche oder Tetrapack)
100 g Geflügel- oder Gemüsefond (siehe Grundrezept auf S.15)
1 EL Zwiebeln, gewürfelt
½ Knoblauchzehe, gewürfelt
1 Tomate, gewürfelt
1 EL Olivenöl
½ TL frische Thymianblätter
Salz, Pfeffer

Für die Garnitur:
12 Kirschtomaten
Basilikum

ZUBEREITUNG

1. Von der Aubergine 20 dünne Scheiben schneiden. Den Rest klein schneiden für das Ratatouille. Die Scheiben mit Salz bestreuen und etwas stehen lassen.

2. Den ausgetretenen Saft mit Küchenkrepp abreiben, pfeffern und in Öl von beiden Seiten anbraten. Dann bei ca. 100 °C warmhalten.

3. Zwiebeln, Knoblauch und Thymian in Olivenöl andünsten. Paprika dazu geben und mitdünsten. Salzen und pfeffern. Danach die Auberginen und die Zucchini zugeben. Die Gemüse sollten nicht verkocht sein, sondern noch Biss haben – mit einer großen Pfanne arbeiten.

4. Abwechselnd aus Auberginenscheiben und dem Ratatouille eine Lasagne schichten. Im Ofen warm halten. Die Kirschtomaten ebenfalls in den Ofen legen.

5. Für die Tomatensauce Zwiebeln, Knoblauch und Thymian in Olivenöl andünsten, mit der Brühe und dem Tomatensaft ablöschen und bis zur gewünschten Konsistenz einkochen. Zum Schluss Tomatenwürfel und Basilikum unterheben.

6. Die Lasagne mit der Tomatensauce umgießen und mit den geschmorten Kirschtomaten sowie Basilikum garnieren.

Vegetarische Gerichte

CHICORÉE MIT BAVARIA BLUE-FÜLLUNG AUF KARTOFFELSALAT

WEINEMPFEHLUNG

Der zartbittere Ton des Chicorées vermählt sich ideal mit dem Geschmack des gehaltvollen Käses. Durch das Braten in Butterschmalz finden sich zusätzlich feine Brataromen. Ein Rivaner oder ein Silvaner CLASSIC aus den Anbaugebieten Rheinhessen oder Franken lassen das Gericht zu einem Erlebnis werden.

ZUTATEN

für 4 Personen

Für den Chicorée:
8 Stck. Chicorée
1 l Geflügel- oder Gemüsefond (siehe Grundrezept S.14/15)
160 g Bavaria Blue
2 EL Mehl
4 Eier
Paniermehl
Butterschmalz

Für den Kartoffelsalat:
500 g Kartoffeln, festkochend
50 g Schalotten, fein gewürfelt
200 ml Geflügelfond (siehe Grundrezept auf S.14)
2 EL Senf, scharf
1 EL Petersilie, fein gehackt
1 EL Kerbel, fein gehackt
1 EL Schnittlauchröllchen
Winzeressig
Öl
Salz und Pfeffer

ZUBEREITUNG

1. Den Chicorée vom Strunk befreien, in die kochende Brühe legen und bei kleiner Flamme gar ziehen lassen. (Am besten mit einer Nadel testen – beim Reinstechen sollte noch etwas Widerstand da sein).

2. Den Chicorée aus der Brühe heben, kurz abtropfen lassen und mit Küchenkrepp trocken tupfen.

3. Die äußeren Blätter behutsam zurückziehen, einige der inneren Blättern entfernen und statt derer den Käse einfüllen. Die äußeren Blätter zur ursprünglichen Form zurück klappen.

4. Den Chicorée nun behutsam in Mehl wenden, danach in die verquirlten Eier tauchen und in dem Paniermehl wenden. In reichlich Butterschmalz goldgelb braten.

5. Die Kartoffeln kochen, abpellen und in dünne Scheiben schneiden.

6. Schalotten in Butter anschwitzen, anschließend mit etwas Fond ablöschen und nach Geschmack mit Salz, Pfeffer, Senf, Essig und Öl abschmecken.

7. Die noch warmen Kartoffeln mit dem Dressing marinieren, nochmals abschmecken, die Kräuter unterheben und mit dem Chicorée anrichten.

Vegetarische Gerichte

GEMÜSESTRUDEL MIT KRÄUTERSCHAUM

WEINEMPFEHLUNG
Der zarte Geschmack des Romanesco und des Blumenkohls wird durch die Verwendung von Petersilienwurzeln intensiviert. Diese Komponenten unterstreicht hervorragend ein Riesling Classic von Mosel-Saar-Ruwer oder ein Silvaner Classic aus Rheinhessen.

ZUTATEN

für 4 Personen
Für den Gemüsestrudel:
150 g Romanesco
150 g Blumenkohl
200 g Petersilienwurzeln
50 g Sahne
100 ml Gemüsefond (siehe Grundrezept auf S.14)
1 Ei
1 TL Petersilie, fein gehackt
4 Blatt Frühlingsrollenteig
40 g Butter, flüssig
Salz und Pfeffer

Für den Kräuterschaum:
200 g Sahne
100 ml Gemüsefond (siehe Grundrezept auf S.15)
20 g Butter, gekühlt
Salz und Pfeffer
Petersilie, Kerbel, Schnittlauch

ZUBEREITUNG

1. Romanesco und Blumenkohl in Salzwasser bissfest kochen und abschrecken.

2. Petersilienwurzeln schälen, klein schneiden und mit Sahne und der Gemüsefond weich kochen. Anschließend in der Moulinette pürieren.

3. Das Gemüse und das Ei unter die pürierten Petersilienwurzeln heben und mit Salz und Pfeffer würzen.

4. Die Masse in die gebutterten Teigblätter einrollen und im Ofen bei 200 °C goldgelb backen.

5. Für den Kräuterschaum die Sahne und den Fond auf die Hälfte reduzieren.

6. Die Reduktion mit der kalten Butter und den gehackten Kräutern im Mixer aufschlagen. Nach Belieben mit Salz und Pfeffer würzen.

7. Den Strudel mit einem elektrischen Messer in Scheiben schneiden, anrichten und mit dem Kräuterschaum servieren.

Vegetarische Gerichte

SAUERKRAUT-QUICHE

WEINEMPFEHLUNG

Rivaner C^{LASSIC} - Weine aus dem Anbaugebiet Württemberg oder Riesling C^{LASSIC} von der Hessischen Bergstraße ergänzen harmonisch die mild-würzigen Aromen von Kümmel, Sauerkraut und Sahne.

ZUTATEN

für 4 Personen

200 g Blätterteig (TK)
250 g Sauerkraut (am besten frisch, z. B. vom Metzger)
½ TL Kümmelkörner
250 g Sahne
2 Eier
Petersilie, fein gehackt
Salz, Pfeffer

ZUBEREITUNG

1. Ein flaches Backblech mit Backpapier auslegen.

2. Den Blätterteig dünn ausrollen, auf das Blech legen, so dass ein kleiner Rand entsteht.

3. Den Teig mit einem weiteren Stück Backpapier belegen und darauf ein weiteres Backblech setzen (oder getrocknete Erbsen darauf schütten).

4. Das Ganze in den Ofen schieben und bei 200 °C etwa 15 Minuten backen.

5. Danach Backblech sowie das obere Backpapier entfernen.

6. Sauerkraut und Kümmelkörner auf dem Blätterteig verteilen.

7. Eier, Sahne und Petersilie mit dem Stabmixer aufschlagen, kräftig würzen und die Masse über das Sauerkraut geben.

8. Bei 200 °C backen bis die Quiche eine schöne braune Farbe hat und bei Fingerdruck kaum nachgibt.

„Nicht-Vegetarier" geben zum Sauerkraut 50 g fein gewürfelten rohen Schinken.

Käsegerichte

ZIEGENKÄSE IM SESAM-MANTEL MIT AKAZIENHONIG

WEINEMPFEHLUNG

Dieses Gericht vemittelt neben seiner schmeckbaren Würze eine deutliche Süße, die von der Verwendung des Honigs herrührt. Gleichzeitig finden wir aber auch die nussigen Aromen der Sesamkörner. Riesling Auslesen von Mosel-Saar-Ruwer oder aus Rheinhessen, mit deutlicher Restsüße, ergänzen hier vorzüglich das Gericht.

ZUTATEN

für 4 Personen
8 Ziegenkäsetaler á 25 g
2 Eiweiß
Sesam
80 g Akazienhonig
1 cl Winzeressig, mild
Friséesalat
Kerbel

ZUBEREITUNG

1. Den Ziegenkäse im Eiweiß wenden und mit Sesam panieren.

2. Auf einem Backblech bei 210 °C in den Ofen stellen und für etwa 6 - 7 Minuten garen lassen.

3. Anschließend den Käse auf etwas Friséesalat anrichten.

4. Den Honig mit dem Essig erwärmen und über den angerichteten Ziegenkäse träufeln.

5. Mit Kerbel garnieren.

Käsegerichte

SCHAFSKÄSE MIT SPECK UND SALBEI

WEINEMPFEHLUNG

Das kräftige Aroma des Salbeis sowie die würzige Note des Specks verleihen dem Gericht einen pikanten Charakter. Eine halbtrockene Riesling Auslese aus dem Anbaugebiet Mosel-Saar-Ruwer oder ein Weißburgunder Classic aus Baden sind die idealen Partner.

ZUTATEN

für 4 Personen
8 Stück Schafskäse à 25g
8 Salbeiblätter
8 Speckscheiben
100 g Feldsalat
Vinaigrette (siehe Grundrezept auf S.15)

ZUBEREITUNG

1. Jeweils ein Salbeiblatt auf den Schafskäse legen und mit dem Speck umwickeln.

2. Etwa 6 - 8 Minuten im Ofen bei 200 °C backen und mit mariniertem Feldsalat servieren.

Nachspeisen

KARAMELISIERTE
APFELPFANNKUCHEN MIT WALNUSSEIS

WEINEMPFEHLUNG

Apfel- und Karamelaromen prägen dieses Dessert. Die wahrnehmbare Süße wird noch durch das Walnusseis unterstrichen. Edelsüße Riesling Beerenauslesen, Trockenbeerenauslesen und Eisweine aus den Anbaugebieten Mosel-Saar-Ruwer oder Württemberg stellen eine harmonische Ergänzung dar.

ZUTATEN

für 4 Personen
Für den Pfannkuchenteig:
90 g Mehl
170 ml Milch
1 Ei
1 TL Öl
Mark einer halben Vanillestange
1 EL Zucker

Sonstiges:
2 Äpfel
Zucker
Walnusseis (TK)
4 cl Apfelschnaps

ZUBEREITUNG

1. Alle Zutaten für den Pfannkuchenteig verrühren und eine ¾ Stunde stehen lassen.

2. Anschließend in der Pfanne dünne Pfannkuchen backen.

3. Die Äpfel schälen, entkernen und in dünne Scheiben schneiden.

4. Die Apfelscheiben auf die Pfannkuchen legen und mit Zucker bestreuen.

5. Unter dem Backofen-Grill den Zucker karamelisieren lassen.

6. Den Apfelschnaps darüber träufeln.

7. Pro Portion mit einer Kugel Walnusseis garnieren.

Nachspeisen

APFEL „SURPRISE"

WEINEMPFEHLUNG
Riesling Beerenauslesen oder Eisweine aus den Anbaugebieten Pfalz oder Rheinhessen ergänzen vortrefflich die deutlichen Apfelaromen und haben zudem genügend Substanz, um der süßen Komponente des Desserts Paroli bieten zu können.

ZUTATEN

für 4 Personen
4 säuerliche Äpfel
100 ml Zitronensaft
2 cl Apfelschnaps
60 g Zucker
6 Blatt Gelatine
125 g geschlagene Sahne
2 Eigelb

ZUBEREITUNG

1. Den Boden der Äpfel etwa 2 cm dick abschneiden. Die Äpfel vorsichtig aushöhlen, dabei auch das Kerngehäuse entfernen. Vom Fruchtfleisch 300 g aufheben und sofort mit dem Zitronensaft beträufeln.

2. Die ausgehöhlten Äpfel in kochendes Zitronenwasser geben, einige Minuten blanchieren, aus dem Wasser herausnehmen und anschließend erkalten lassen.

3. Das Apfelfleisch mit dem Apfelschnaps und etwas Wasser weich dünsten.

4. Zucker und Eigelb schaumig rühren und das Apfelfleisch unterheben. Die Masse kurz erhitzen, jedoch nicht kochen lassen und mit dem Mixstab aufmixen.

5. Die zuvor in kaltem Wasser eingeweichte Gelatine unter die noch warme Masse rühren. Das Ganze etwas anziehen lassen. Dann die geschlagene Sahne unterheben.

6. Die ausgehöhlten Äpfel mit der Öffnung nach oben am besten auf einen Eierkarton setzen. Die Creme mit dem Spritzbeutel einfüllen und etwa 3 Stunden im Kühlschrank stocken lassen.

7. Die Äpfel mit der Öffnung nach unten auf die Teller setzen.

8. Mit Vanillesauce servieren und mit Puderzucker bestreuen.

Nachspeisen

MARINIERTE BROMBEEREN MIT MINZSCHAUM

WEINEMPFEHLUNG

Beerenauslesen und Eisweine der Rebsorten Riesling aus dem Anbaugebiet Mosel-Saar-Ruwer oder Ruländer aus dem Anbaugebiet Baden unterstreichen besonders schön das fruchtigfrische Geschmacksbild, das durch die Verbindung von Beeren und Minzschaum entsteht.

ZUTATEN

für 4 Personen

Für die Brombeeren:
400 g Brombeeren
1 TL Zucker
4 cl Brombeerlikör
¼ TL Stärkepulver

Für den Minzschaum:
3 Eigelb
150 ml Winzersekt oder Wein
3 TL Zucker
Pfefferminzblätter

Vanille-Eis
4 TL Mandeln
Pfefferminzblätter

ZUBEREITUNG

1. Die Brombeeren mit dem Likör und dem Zucker mischen und eine halbe Stunde ziehen lassen.

2. Den ausgetretenen Saft mit etwas Stärkepulver anrühren und kurz aufkochen lassen.

3. Die Brombeeren vorsichtig unterheben.

4. Eigelb, Sekt, Zucker und etwa 15 Minzblätter im Mixglas mixen und durch ein Sieb passieren.

5. Die Masse über einem Wasserbad zu einer Weinschaumcreme aufschlagen.

6. Die Brombeeren in tiefe Tellern verteilen und mit dem Minzschaum überziehen.

7. Mit einem Pfefferminzblatt und Mandeln garnieren und einer Kugel Vanilleeis servieren.

Nachspeisen

RHABARBERKOMPOTT MIT MANDELPARFAIT

WEINEMPFEHLUNG
Die säuerliche Note des Rhabarbers harmoniert hervorragend mit dem Aroma der Mandeln. Sahne und Zucker steuern die nötige Süße bei. Ruländer Auslesen oder Beerenauslesen aus den Anbaugebieten Baden oder Pfalz sind hier die idealen Dessertbegleiter.

ZUTATEN

für 4 Personen

Für das Kompott:
400 g Rhabarber, geschält und in 5 cm dicke Stücke geschnitten
100 ml Wasser
200 ml Roséwein
100 g Zucker
1 Vanilleschote
1 TL Stärkepulver, angerührt

Für das Parfait:
3 Eigelb
4 cl Mandellikör
90 g Zucker
1 Eiweiß
250 g Sahne, geschlagen
50 g Mandeln, gemahlen

Für die Garnitur:
Pfefferminzblätter
Himbeeren

ZUBEREITUNG

1. Wasser, Roséwein, Zucker und Vanilleschote aufkochen und mit der Stärke binden.

2. Rhabarberstücke hineinlegen und einige Minuten ziehen lassen.

3. Auf den Tellern anrichten.

4. Eigelb mit dem Likör und der Hälfte des Zuckers über einem Wasserbad aufschlagen. Sobald die Masse zu stokken beginnt, ins Eiswasser stellen und weiterrühren bis die Masse erkaltet ist.

5. Eiweiß mit dem restlichen Zucker steif schlagen und unter die kalte Masse heben.

6. Danach die geschlagene Sahne und die Mandeln unterheben.

7. Das Parfait in Portionsförmchen füllen und für mindestens 5 Stunden in den Tiefkühler stellen, danach mit einem Messer am Rand lösen.

8. Auf dem Rhabarber anrichten.

9. Mit Himbeeren und Pfefferminzblättern garnieren.

Anbaugebiete

WO DEUTSCHE WEINE WACHSEN

Am besten schmecken deutsche Weine oft dort, wo sie wachsen. Folgen Sie daher auf den kommenden Seiten einer kleinen Entdeckungsreise für Genießer durch die 13 deutschen Anbaugebiete. Jedes hat seinen speziellen, unverwechselbaren Charakter und natürlich eine Reihe herrlicher Tropfen zu bieten. Vielleicht besuchen Sie ja demnächst selbst einmal die Heimat Ihres Lieblingsweines. Schließlich heißt es nicht umsonst: Deutsche Weine – Nichts liegt näher.

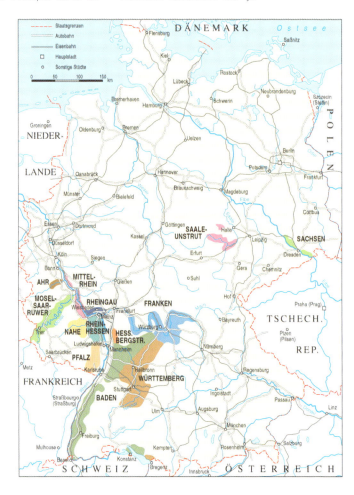

AHR: „WOHLSEIN 365" – PARADIES FÜR GENIESSER

Nicht wenige Winzer an der Ahr erinnern sich gern an die Zeit, in der alles angefangen hat. So manches Wohnzimmer, so manche gute Stube wurde kurzerhand zur Straußwirtschaft umfunktioniert. Urige Atmosphäre und Familienanschluss sind in Deutschlands profiliertestem Rotweingebiet auch heute selbstverständlich. Urige Straußwirtschaften, ausgezeichnete, niveauvolle Weingüter mit besonderem Ambiente und hoch dekorierte Winzer und Gastronomen machten den Ahrkreis im Norden von Rheinland-Pfalz als „Eldorado für Gourmets" bekannt. Hervorragende Weine und exklusives Essen sind in der Gesundheits- und Fitnessregion ebenso selbstverständlich wie Romantik und Gemütlichkeit.

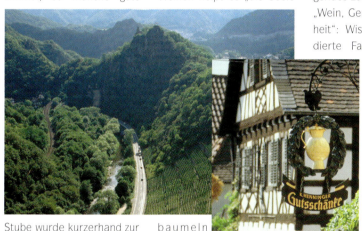

Bei guter Musik und tollen Weinen heißt es „die Seele baumeln lassen und genießen", wenn Genossenschaften und Weingüter zu Jazz-Events in alten Gemäuern und Weingärten laden. Die Philosophie der Region „Wohlsein 365" steht auch bei der Veranstaltungsreihe „Gourmet & Wein" im Vordergrund: Die besten Gastronomen arbeiten mit Spitzenwinzern der Region zusammen und bringen kulinarische Genüsse in Einklang mit Kunst und Kultur. Dabei lassen sich Winzer und Gastronomen immer wieder neue Kreationen einfallen: Kombiniert mit Kräutersuche oder Wanderungen in den Weinbergen bietet „Gourmet & Wein" viel mehr als hervorragendes Essen und Trinken.

„Wein, Genuss und Gesundheit": Wissenschaftlich fundierte Fakten zu diesem Thema werden vom Studien- und Informationszentrum der Deutschen Weinakademie eingeholt und weitervermittelt. Moderater Weingenuss, gepaart mit gutem Essen und gesundem Lebensstil, lautet auch hier die Devise.

Neben einer Rebfläche von rund 520 Hektar verfügt die Region Ahr, Rhein, Eifel im Norden von Rheinland-Pfalz über herrliche Wanderwege und ausgetüftelte Radstrecken. So führt zum Beispiel der malerische Rotweinwanderweg von Bad Bodendorf bis Altenahr und verbindet alle Weinorte miteinander. Aus den Weinbergen führen Abstiege und Wege direkt in die Orte, wo Weinproben und Winzervesper warten.

Anbaugebiete

BADEN: SONNENBANK DER NATION

Baden, mit ca. 15.900 Hektar Rebfläche Deutschlands drittgrößtes Anbaugebiet, erstreckt sich wie ein buntes Band über 400 Kilometer von der Tauber bis zum Bodensee. Baden ist ungemein vielgestaltig. Denn hier stoßen nicht nur verschiedene Bundesländer zusammen - Franken, Hessen, Kurpfälzer, Schwaben, Alemannen sind hier zu Hause. Die neun Bereiche, in die das Anbaugebiet Baden aufgeteilt ist, sind auch landschaftlich und klimatisch recht unterschiedlich, weswegen hier die verschiedenartigsten Weine geerntet werden.

Die Vielfalt spiegelt sich auch kulturell wider. Touristische Zentren wie Heidelberg oder Konstanz und beeindruckende Städte wie Baden-Baden, Karlsruhe und Freiburg ziehen alljährlich ein Millionenpublikum aus dem In- und Ausland an. Genauso beliebt bei Alt und Jung ist die Bodensee-Region mit den gern und viel besuchten Inseln Mainau und Reichenau sowie den zauberhaften Weinorten Hagnau und Meersburg.

Wegen des überdurchschnittlich warmen Klimas ist Baden das einzige deutsche Anbaugebiet, das zur EU-Weinbauzone B und damit zur gleichen Klimakategorie wie beispielsweise das Elsass, Savoyen und die Loire gehört. Eine weitere Besonderheit: An den Südhängen des Kaiserstuhls, bei Achkarren und Ihringen, ist nachweislich der heißeste Punkt Deutschlands zu finden.

Burgunderland Baden

Der Spätburgunder hat in Baden die flächenmäßig größte Ausdehnung und erfreut sich großer Beliebtheit. Samtige, kraftvolle Spätburgunder werden hier auch immer häufiger im Barrique ausgebaut. Als Rosé oder Weißherbst ausgebaut präsentieren sich die Weine von kerniger und säurebetonter Art. Ganz besonders heimisch fühlen sich hier auch andere Weine der Burgunderfamilie: der Grauburgunder, der elegante Weißburgunder, der feine Auxerrois oder der (burgunderverwandte) Chardonnay.

Rebsorten wie Gutedel, Riesling, Silvaner, Müller-Thurgau oder Muskateller spielen in den einzelnen Bereichen jeweils eine bedeutende Rolle. Auch der charmante Schwarzriesling, der ausschließlich in den Weinbauregionen Tauberfranken und Kraichgau beheimatet ist, hat viele Anhänger.

FRANKEN: BOCKSBEUTEL UND BAROCK

Die Franken sind stolz auf ihre Weine, stolz auf den Bocksbeutel, eine eigenwillig-bauchige Flasche, die augenfälliges Markenzeichen für Frankenwein geworden ist. Aber auch stolz auf die zahlreichen Sehenswürdigkeiten, die schöne Landschaft und die reichhaltige Geschichte, der man bei einer Weinreise durch Franken auf Schritt und Tritt begegnet. Mittelalterlich kommt Miltenberg daher mit seinem Jahrhunderte alten Stadtbild. Die Frankenwein-Metropole Würzburg steht ganz im Zeichen des Barock, mit dem Kaisersaal der Fürstbischöflichen Residenz als prachtvollem Aushängeschild und den dort alljährlich stattfindenden Barockfesten. In Volkach, im Zentrum des fränkischen Weinbaugebietes, kann eine Besichtigung in das 1544 erbaute „neue" Rathaus oder zum sehenswerten Schelfenhaus

führen. Die Liste ließe sich beliebig fortführen, gibt es doch entlang den zahlreichen Weinstraßen noch viele kleine Orte und Städtchen mit prächtigen Bauwerken und gemütlichen Restaurants, die bei einem Glas Frankenwein zum Verweilen einladen.

Silvaner und Franken – eine untrennbare Einheit

Auf einer Rebfläche von etwa 6.000 Hektar wachsen „fränkisch-trockene Weine", übrigens ein geflügeltes Wort unter Winzern und Weinkennern. Und genauso sind Silvaner und Franken für Genießer eine untrennbare Einheit. Wohl in keinem anderen Anbaugebiet kann die Silvanerrebe so sehr zeigen, was in ihr steckt. Durch die Arbeit innovativer Weinmacher entstehen Weine von Weltformat. Schon Kurt Tucholsky empfand Frankenwein als „tief und rein wie ein Glockenton" und bedauerte, dass man eine solche Köstlichkeit „nicht streicheln kann".

Der Silvaner ist unumstritten Frankens König. Aber auch fränkischer Müller-Thurgau, modern und fruchtig im hellen Bocksbeutel, macht Furore. Klassiker sind Riesling, Weißburgunder und Bacchus, die auf den geschützten Steillagen entlang des Mains bestens gedeihen.

Rotweine sind eine besondere Spezialität, die in Franken zunehmend an Bedeutung gewinnt. Vom Untermain rund um Klingenberg und Bürgstadt über Würzburg und die Mainschleife bei Volkach bis hinüber an die Westhänge des Steigerwaldes wachsen Spätburgunder und Schwarzriesling. Verbreitet ist auch der Portugieser, der von Dornfelder und Regent ergänzt wird.

Anbaugebiete

HESSISCHE BERGSTRASSE: FRÜHLINGSERWACHEN

„Hier fängt Deutschland an, Italien zu werden", rief Kaiser Joseph II. aus, als er auf der Rückreise von Frankfurt an der Bergstraße Halt machte. Denn am westlichen Fuß des Odenwaldes beginnt der Frühling früher. Wenn es andernorts noch fröstelt, setzt an den westlichen Ausläufern schon die prachtvolle Mandelblüte ein. Nur kurz gefolgt von Forsythien, Kirschen, Aprikosen und Magnolien. Aber nicht nur an der herrlichen Natur kann man sich erfreuen. Ob Zwingenberg, Heppenheim, Alsbach oder Bensheim – überall laden gepflegte Altstadtviertel die Gäste zum Verweilen ein. In den quirligen Orten längs der alten Römerstraße und in den stillen Tälern des Odenwaldes bemüht man sich, jedem Wunsch der Gäste gerecht zu werden. Bei Wild und Forelle aus dem Odenwald und einem guten Bergsträßer Wein fühlt man sich hier schnell zu Hause.

Kleine Parzellen – Grosse Höhe

Der hessische Teil der Bergstraße ist seit 1971 eigenständiges Weinanbaugebiet, dessen Rebfläche von etwa 460 Hektar sich im Norden bis nach Groß-Umstadt erstreckt. Die besten Lagen findet man jedoch in den zum Rheintal hin geneigten Hängen, oft in größerer Höhe. Am Melibokus bei Zwingenberg, dem höchsten Berg der Region, sind die oberen Teile der Lagen terrassiert. Durch die Aufgliederung in viele kleine Parzellen und Terrassen wirken die Weinberge auf Urgesteinsböden sehr malerisch.

„Weisse" Entscheidung

In dem bis zur Wiedervereinigung kleinsten unter den deutschen Weinbaugebieten werden vornehmlich trockene und halbtrockene Weine erzeugt. Die Hauptrebsorte Riesling ist typisch für das Gebiet und wird ergänzt durch Rivaner, Grauburgunder, Silvaner, Kerner und Weißburgunder. Stark im

Kommen ist der Anbau der roten Sorten Spätburgunder, Dornfelder und St. Laurent.

MITTELRHEIN: ROMANTIK PUR

„Ich weiß nicht, was soll es bedeuten, dass ich so traurig bin..." - mit diesen Zeilen machte Heinrich Heine die Loreley weltbekannt. Heute ist der Mittelrhein als Weltkulturerbe anerkannt und wirbt für die Region mit einer einmaligen Kombination aus fortschrittlichem Rebbau und Burgenromantik. Im Herzen dieser einzigartigen Flusslandschaft liegt Koblenz, eine der größten Städte mit Weinbau überhaupt, mit so mancher gemütlichen Weinstube in seinen Mauern. Eine malerische Kulisse bietet das Rheintal zwischen Bingen und Bonn. Von Burgen gekrönte Rebhänge und mittelalterliche Städtchen mit herrlichen Fachwerkhäusern schmücken das Rheinufer. Es findet sich kaum eine Gasse ohne „Straußwirtschaft", „Weinstube" oder „Gutsschänke". St. Goar und St. Goarshausen sind ebenso wie Oberwesel mit seiner fast vollständig erhaltenen Stadtmauer beliebte Ausflugsziele. Auch Bacharach ist ein altes Weinhandelszentrum. Hier wurde nicht nur Wein vom Rhein verkauft. Vor allen Dingen der Weinbruderschaft „Zechgesellschaft Bacchus" ist es zu verdanken, dass die Erzeugnisse des malerischen Orts über die Grenzen der Region hinaus bekannt wurden.

Mittelrheinweine – so selten wie wertvoll

Bedingt durch die schwierigen Bearbeitungsverhältnisse in den Steillagen ist die Produktionsfläche seit 1900 auf heute etwa 530 Hektar zurückgegangen. Geblieben sind die charaktervollen, herzhaften und fruchtigen Weine - drei Viertel davon aus Riesling-Reben, die ihre Ausprägung den kargen Tonschieferböden verdanken. Die kleinen Erntemengen machen die Weine vom Mittelrhein zu besonderen Raritäten, die von Kennern und Liebhabern, aber auch von den durchreisenden Touristen besonders geschätzt werden. Feste um den Wein haben das ganze Jahr über Saison. Der Höhepunkt: das Weinforum Mittelrhein am ersten Septemberwochenende auf Burg Rheinfels/St. Goar am Loreley-Felsen.

Anbaugebiete

MOSEL-SAAR-RUWER: DIE RIESLING-SPEZIALISTEN

Die steilen Hänge der Flusstäler sind dicht mit Reben bepflanzt. Die Mosel und ihre Nebenflüsse Saar und Ruwer winden sich in engen Schleifen durch eine Kulturlandschaft, in der schon Kelten und Römer vor 2000 Jahren ihren Wein anpflanzten. Unzählige Funde, darunter mehrere Kelteranlagen aus römischer Zeit, zeugen von der großen Weinbautradition. Die geschützte Tallage macht die Region zu einer der wärmsten Klimazonen Deutschlands. Imposante Landschaft, Geschichte, Weinbau, hervorragende Gastronomie und ein vielfältiges Freizeit- und Wellnessangebot: Diese Kombination macht das Moselland und die angrenzenden Regionen auch zu einem beliebten Urlaubs- und Ausflugsziel.

Mehr als 5000 Winzer bewirtschaften an Mosel, Saar und Ruwer 10.400 Hektar Rebfläche mit etwa 75 Millionen Rebstöcken. Die Hälfte der Reben wächst auf Hängen aus Schiefergestein mit einer Steigung von mehr als 30 Prozent. Steigungen von 50 und 60 Prozent sind keine Seltenheit. Der steilste Weinberg der Welt liegt an der Mosel: der Bremmer Calmont mit 68 Prozent Steigung.

Im größten Steillagenweinbaugebiet der Welt ist der Riesling die Nummer 1. Fast 6000 Hektar sind an Mosel, Saar und Ruwer mit der edelsten Weißweinsorte bepflanzt, so viel wie nirgendwo sonst. Der Schieferboden der steilen Hänge speichert am Tag die Sonnenwärme und gibt sie nachts wieder ab. Die Wurzeln der Reben dringen metertief in den Boden ein, um sich mit Wasser und Mineralien zu versorgen. Die Natur liefert so die Basis für die Arbeit der Winzer.

Und die sind an der Mosel wahre Riesling-Spezialisten: Einzigartig feine, fruchtige Weine erzeugen sie aus den von Hand geernteten Trauben. Weine mit enormer geschmacklicher Tiefe bei relativ niedrigem Alkoholgehalt - ideal für unbeschwerten Genuss, hervorragend als Essensbegleiter.

Weltberühmt sind die edelsüßen Weine, die jedes Jahr bei Auktionen Rekordpreise erzielen. Aber auch die Freunde trockener Weine werden an der Mosel fündig: Die Weinbaubetriebe von Mosel-Saar-Ruwer erzeugen hervorragende feinherbe und harmonisch-trockene Weine.

Das wird auch bei nationalen und internationalen Prämierungen und Wettbewerben deutlich.

NAHE: JUWEL IM SÜDWESTEN

Als Probierstübchen des deutschen Weins bietet die Nahe Gelegenheit, Weinprobe und erholsamen Kurzurlaub zu verbinden. Stets einen Ausflug wert ist Bad Kreuznach mit seinen einzigartigen Brückenhäusern und den zahlreichen Erinnerungen an die Römerzeit. Das romantisch im Talkessel gelegene Bad Münster am Stein-Ebernburg ist bekannt für seinen mittelalterlichen Markt, die Burg und Ritterspiele. Bad Kreuznach, Bad Münster am Stein und Bad Sobernheim sind beliebt als angesehene Kurorte der Ruhe und Entspannung. Und wer erst einmal einen Blick vom Rotenfels – übrigens die höchste Steilwand in Deutschland – geworfen hat, weiß, warum die Menschen hier so stolz auf „ihre" Nahe-Region sind.

Der Edelstein der Deutschen Weinbauregionen

Der Spitzen-Nahewein ist weder laut noch leise: Wer ihn erst einmal im funkelnden Glas genossen hat, dem öffnet sich die Tür zur reichhaltigen Welt feinster Geschmacksfacetten. Es wundert daher nicht, dass Naheweine mehr und mehr den Siegeszug zur Weltspitze antreten. Obwohl bereits die Römer hier Wein anbauten, wurde die Nahe erst 1971 zum eigenständigen Anbaugebiet. Nahewein gilt schließlich nicht umsonst als ein Edelstein über die Grenzen Deutschlands hinaus.

Vielfalt zum Genießen

Die facettenreiche Nahe-Region bietet auf etwa 4.400 Hektar Rebfläche vorzügliche Bedingungen für exzellente Weine: Milde Temperaturen und viel Sonne bilden ein hervorragendes Klima für Rebsorten wie Rivaner, Silvaner und Riesling. Die Spielarten des Burgunders sowie Kerner, Scheurebe, Portugieser und Dornfelder runden das Nahe-Angebot ab. Ursache für diese Vielgestaltigkeit ist eine bewegte Erdgeschichte.

Bei vulkanischen Beben, beim Einbruch des Nahe-Grabens, wurde in Jahrmillionen der Untergrund ständig durchgeschüttelt. Oft ändert sich alle hundert Meter der Boden und jede dieser Formationen verändert den Geschmack des Weins ein wenig. Hinzu kommt eine gehörige Portion Kreativität der Winzer des Nahe-Landes, die in Fragen der Weinqualität zeitgemäße Produkte für individuelle Kundenwünsche erarbeiten. So kommt hier sprichwörtlich jeder garantiert auf seine Kosten.

Anbaugebiete

PFALZ: 85 KILOMETER WEINGENUSS

Die Pfalz hat viele Superlative: Das größte Weinfass der Welt in Bad Dürkheim und der älteste Wein der Welt in Speyer gehören dazu. Aber auch die erste und bekannteste Weinroute, die Deutsche Weinstraße. Dass in der Pfalz besonders viel und gerne gefeiert wird, ist auch bekannt. Deshalb eine echte Empfehlung: der Erlebnistag Deutsche Weinstraße, bei dem stets am letzten Sonntag im August die Straße für Autofahrer gesperrt und zur 85 Kilometer langen Genießermeile wird. Aber auch ansonsten wartet die Pfalz mit zahlreichen Sehenswürdigkeiten auf: Neben dem „Pflichtbesuch" der Zentren Bad Dürkheim, Neustadt und Landau sowie den malerischen Winzerdörfern sind „Abschweifungen" zu den Burgen und Burgruinen, nach Freinsheim, dem „pfälzischen Rothenburg", oder Annweiler am Trifels zu empfehlen. Und wer oberhalb von Eschbach zur Madenburg, einer der schönsten Burgruinen im Lande, aufsteigt und hinab Richtung Rheinebene schaut, erblickt einen sattgrünen Reichtum: Reben, so weit das Auge schauen kann.

Erlesene Weinkultur

Das Hauptaugenmerk der Winzer in diesem rund 23.400 Hektar umfassenden Anbaugebiet liegt inzwischen auf klassischen Rebsorten, allen voran der Riesling. Er dominiert mit ca. 21 Prozent Rebflächenanteil, doch auch die Burgundersorten sind stark im Kommen. Immer wichtiger werden die Rotweine, darunter als besondere pfälzische Erfolgsgeschichte der Dornfelder, der seit einigen Jahren für Furore sorgt. Gängigste Rotweinsorte ist indessen der Portugieser. Daneben werden hier Spätburgunder oder Cabernet Sauvignon immer beliebter.

Schließlich ist auch die Nachbarschaft zu Frankreich überall spürbar, nicht zuletzt in der Vorliebe der Pfälzer für gutes Essen. Entlang der deutschen Weinstraße haben sich inzwischen Spitzenköche etabliert, die mit der regionalen Küche experimentieren und einen Besuch mehr als lohnen.

RHEINGAU: WEINKULTUR PUR

Am berühmten Rheinknie liegt der Rheingau mit einer Rebfläche von etwa 3.200 Hektar. Wer die markanten Aussichtspunkte des Rheingaus besucht, wie das Niederwalddenkmal, Schloss Johannisberg, die Hallgartener Zange über Oestrich-Winkel oder die Bubenhäuser Höhe, sieht vor sich die historischen Zentren des Weinbaus liegen.

Da ist zuerst einmal das Zisterzienserkloster Eberbach, eine der besterhaltenen mittelalterlichen Klosteranlagen Deutschlands, in der „Der Name der Rose" verfilmt wurde. Die Klostermauern waren schon immer ein kultureller Mittelpunkt. Heute ziehen Konzerte Besucher von nah und fern an.

Der Johannisberg ist nicht nur bekannt für das gleichnamige Schloss, das aus den Ruinen einer Klosteranlage entstanden ist, sondern „weinhistorisch" auch als der Ort, an dem die Spätlese ihren Ursprung hat. Nicht zu vergessen die Forschungsanstalt für Wein-, Obst- und Gartenbau in Geisenheim, die durch ihre umfangreichen Forschungen immer neue Anregungen für qualitative Verbesserungen liefert.

Die optimalen klimatischen Bedingungen am Rhein, der hier stellenweise mehrere Kilometer breit ist, sorgen für ein hervorragendes Wachstum der Reben. Die Feuchtigkeit auch in den Sommermonaten und die geologische Beschaffenheit des Bodens schaffen geradezu ideale Bedingungen. Es werden überwiegend der einzigartige Riesling (79%) und Blauer Spätburgunder (12%) angebaut.

Zwischenzeitlich ist es den Rheingauer Winzern gelungen, das Duo „Rheingau-Flöte und -Kelch" als typische Weinflasche mit passendem Glas für Rheingauer Qualitätsweine zu etablieren. Seit der Ernte 1999 dokumentieren die Weine mit der Auszeichnung „Erstes Gewächs" den Anspruch der Winzer, sich immer wieder ehrgeizige Ziele zu setzen und wahrhaft Außergewöhnliches in die Flasche zu füllen. Neben den Pioniererfolgen kann der Rheingau aber auch mit traditionellen Einrichtungen gelebter Weinkultur aufwarten. Viele Straußwirtschaften, Gutsschänken sowie Restaurants mit regionaler Küche und Rheingauer Spitzenweinen laden Besucher ein, Lebensfreude pur zu genießen.

Anbaugebiete

RHEINHESSEN: HÜGEL UND REBEN

Rheinhessen, das größte deutsche Anbaugebiet mit etwa 26.300 Hektar Rebfläche, liegt in dem weiträumigen Dreieck zwischen Mainz, Worms und Bingen.

Im Norden und Osten ist es vom großen Rheinbogen umschlossen. In der Gegend um Bingen und an der bekannten Rheinterrasse vor Mainz bis kurz vor Worms prägen ansteigende Hänge entlang des Rheins den Weinbau, während der „Wonnegau" und das Hügelland mit sanften Erhebungen und unverbrauchter Landschaft ein eher mediterranes Flair ausstrahlen.

Frischer Wind für die deutsche Weinlandschaft

Die Winzerinnen und Winzer dieses sprichwörtlich großartigen Anbaugebiets sind vor allem für ihren Ideenreichtum bekannt. Mit Produktkonzepten wie RS-Rheinhessen-Silvaner, den Weinen der Selection Rheinhessen, mit Winzersekten, die sortenrein im klassischen Flaschengärverfahren hergestellt werden, oder mit feinen Destillaten haben die Rheinhessen frischen Wind in die deutsche Weinlandschaft gebracht. Rheinhessen hat die größte Silvaner-Anbaufläche der Welt. Daneben sind es die Rieslinge der renommierten Lagen am Rhein, die mit Nerv und feiner Frucht überraschen. Die experimentierfreudigen Rheinhessen haben sich aber auch intensiv für neue Rebsorten eingesetzt, von denen einige – wie Rivaner, Kerner und Dornfelder – ihren Stellenwert längst unter Beweis gestellt haben.

Gut Essen, gut Trinken, gut Feiern

So vielfältig wie die Weine ist auch die Gastronomie der Rheinhessen. Originelle Gerichte wie die „Backeskartoffeln", der „Spundekäs" oder der „Dippehas" sollten auf einer kulinarischen Entdeckungstour deshalb nicht ausgelassen werden. Gelegenheit zum Probieren gibt es zur Genüge. Zumal die Rheinhessen gerne und vor allem oft feiern. Und wenn es keine Anlässe zum Feiern gibt, sind schnell welche gefunden. Dazu gibt es einen umfangreichen Veranstaltungskalender, den man unbedingt anfordern sollte. Kurzum – Rheinhessen muss man entdecken. Ein Weinland mit viel Kultur und Tradition und mit geselligen, weltoffenen Menschen.

SAALE-UNSTRUT: TAUSEND JAHRE WEINKULTUR

Der größte Teil des Anbaugebietes Saale-Unstrut liegt im südlichen Sachsen-Anhalt, doch auch der Werderaner Wachtelberg – vor den Toren Berlins – und der Thüringer Weinbau zählen zum Weingebiet Saale-Unstrut.

Ursprüngliche Landschaften finden sich hier: Steilterrassen, Jahrhunderte alte Trockenmauern und Weinberghäuschen, dazwischen Streuobstwiesen, Flussauen und Biotope mit seltenen Tier- und Pflanzenarten. Hoch oben stehen trutzige Burgen und Schlösser. Kultur und

landschaft ihren unverwechselbaren Charakter und das seit 1.000 Jahren: In einer Schenkungsurkunde des Kaisers Otto III. an das Kloster Memleben fand der Weinbau an Saale und Unstrut bereits 998 seine erste urkundliche Erwähnung.

Viele Burgen und Schlösser an Saale und Unstrut bezeugen, dass es sich hier schon immer gut leben ließ. Die Goethe'schen Gärten der Dornburger Schlösser zeugen davon, Bad Kösen, Freyburg und Naumburg sind Zentren eines ehemals großen Weinanbaugebietes. Selbst in Jena an der Saale wurde im Mittelalter intensiver Weinbau betrieben, worauf noch heute eine Traube im Stadtwappen hinweist.

Klein, aber fein

Traditionell trocken ausgebaute Weine von hoher Qualität mit gebietstypischer kräf-

Geschichte, Natur, Romantik und Wein sind hier ganz selbstverständlich vereint. Die Reben geben der Fluss-

tiger Säure und feinwürzigem Bukett sind das Markenzeichen des Gebiets, das mit 650 Hektar zu den kleineren Weinanbaugebieten Deutschland zählt. Über 20 Rebsorten laden zum Probieren und Vergleichen ein. Hauptsorte ist der Müller-Thurgau, der hier dank des geringen Ertrages erstaunliche Feinheiten birgt. Besonders stolz sind die Winzer von Saale und Unstrut auf ihren Weißburgunder, der die fraglos besten Weine der Gegend hervorbringt. Danach folgt der Silvaner. Neben den Klassikern des Anbaugebietes bereichern aber auch Rebsorten wie Hölder, Andre oder Zweigelt das Angebot für Weingenießer – Raritäten, die immer schnell ausverkauft sind.

Anbaugebiete

SACHSEN: SPEZIALITÄTEN UND RARITÄTEN

Die Elbe ist die Mutter des Weinbaus in Sachsen. Sie ermöglicht an ihren geschützten Talhängen das Wachsen und Gedeihen der Reben bereits seit über 800 Jahren. Das Datum der urkundlichen Ersterwähnung ist 1161. Legenden weisen aber darauf hin, dass die Ursprünge des Weinbaus bereits viel früher lagen.

Wo am Rhein, am 51. Breitengrad, die letzten Weinberge kurz vor Bonn enden, beginnen sie an der Elbe erst. Sachsen ist das nordöstlichste Anbaugebiet Deutschlands. Dass hier trotzdem, insbesondere bei Weißweinen, Spitzenqualitäten gekeltert werden können, ist Ausdruck einer besonderen Klimagunst, welche der in Sachsen bereits dominante Einfluss des Kontinentalklimas bringt. Dort, wo die Niederschläge noch ausreichen, schafft das Kontinentalklima aufgrund seiner hohen durchschnittlichen jährlichen Sonnenscheindauer für das Wachsen und Reifen optimale Bedingungen. Das Elbtal liegt mit einer Sonnenscheindauer von 1.570 Stunden im Jahr gleich auf, beziehungsweise zum Teil sogar noch höher als einige der übrigen deutschen Anbaugebiete.

Terrassierte Steillagen und Spitzenrebsorten

Die typischen terrassierten Steillagen sind ein besonderes Kleinod des Weinbaus in Sachsen, denn hier am steilen Hang, im Widerschein der Elbe und der Rückstrahlung der Bruchsteinmauern gedeihen die großen Weine dieser Region wie Weiß- und Grauburgunder und vor allem Traminer. Der besondere Charakter des Sachsenweines wird auch durch die sehr unterschiedlichen Bodenarten bestimmt, denn das Elbtal ist durch eine Vielzahl geologischer Formationen geprägt. Dementsprechend variantenreich ist der Charakter dieser Weine. Zu einem besonderen Erlebnis wird der Weingenuss in Verbindung mit der Landschaft des Elbtals, die wie der Wein ihren eigenen, unverwechselbaren Charakter hat. Einmalig ist im Elbtal die Verbindung von Baukunst und Weinbau: Schlösser, Lust- und Herrenhäuser, Weinbergkirchen, alte Winzerhäuser und Weinschänken zeugen davon.

WÜRTTEMBERG: DICHTER, DENKER UND „VIERTELESSCHLOTZER"

Wein gehört zum Alltag, und so ist es nicht verwunderlich, dass der durchschnittliche Weinkomsum pro Kopf hier doppelt so hoch ist wie im Rest der Republik. Wenn Theodor Heuss, der erste Bundespräsident, eine Rede zu schreiben hatte, beflügelte Lemberger seine Gedanken. Ähnlich mögen es auch Friedrich Schiller und Friedrich Hölderlin gehalten haben. Am Neckar inmitten von Weinbergen aufgewachsen, gehörte Wein für sie zum Alltäglichen und Selbstverständlichen, und wer weiß, ob die Muse sie auch ohne einen Württemberger Wein geküsst hätte ...

Heimat des Kerners

So ist es kein Wunder, dass eine Weinreise an Kunst und Kultur kaum vorbeikommt. Empfehlenswert ist ein Abstecher ins schwäbische Marbach mit dem Schiller-National-Museum und dem Schiller-Haus. In Neckarzimmern kann die Burg Hornburg des Götz von Berlichingen mit Waffenkammern besichtigt werden. Am Eingang des Sulmtals liegt Weinsberg. Der Arzt und Dichter Justinius Kerner ließ hier „Weibertreuringe" herstellen und sammelte aus ganz Deutschland Geld zum Wiederaufbau der Burg „Weibertreu". Nach Justinius Kerner wiederum wurde eine Neu-

züchtung der Weinbauschule Weinsberg benannt, die sich als „Senkrechtstarter" unter den neuen Rebsorten erwies.

Die Württemberger – Kenner und Bekenner

Die meisten Weingärten der rund 11.300 Hektar Rebfläche liegen in geschützten Flusstälern an Neckar, Rems, Enz, Kocher, Jagst und Tauber. Der Riesling nimmt dabei wie der Trollinger etwa ein Fünftel der Rebfläche ein. Außerdem werden Kerner und Silvaner sowie Spätburgunder, Samtrot, Schwarzriesling und Lemberger angebaut. Gehaltvolle Lemberger oder Burgunder werden heute oft im Barrique, dem klassischen Eichenholzfass, ausgebaut. Die Württemberger sind bekennende Weingenießer. Schwäbische Küche und Württemberger Wein stehen für schwäbische Lebensart.

Das Team

DER KOCH

Es gehören schon Mut, Selbstvertrauen und eine Portion Verrücktheit dazu, in der Diaspora der Westpfalz ein Feinschmecker-Restaurant etablieren zu wollen. Harry Borst und seine Familie haben dies, aller Unkenrufe zum Trotz, in Maßweiler, fernab aller Hauptverkehrsadern, geschafft.

Harry Borst, 1963 in Maßweiler geboren, wollte schon mit 10 Jahren Koch werden. Nach Lehr- und Wanderjahren entwickelte er zielbewußt am heimischen Herd eine eigene Gourmet-Küche mit hohen Qualitätsansprüchen. Ausschließlich frische Produkte, vom Pfälzer Spargel oder Weidelamm bis hin zum bretonischen Hummer

und Atlantik-Steinbutt werden verarbeitet. Immer im Vordergrund steht dabei seine Liebe zur Ehrlichkeit beim Kochen sowie die harmonische Verbindung von Produkten unter Beibehaltung des jeweiligen Eigengeschmacks.

Der liebenswürdige und engagierte Service seiner Frau Monika, die intelligente Weinauswahl, sowie die phantasievoll dekorierten Galleräume lassen den Gast die Leichtigkeit des Seins empfinden.

HOTEL-RESTAURANT BORST
Luitpoldstraße 4
66506 Maßweiler

FON 0 63 34 / 14 31
FAX 0 63 34 / 98 45 02
www.restaurant-borst.de

DER FOTOGRAF

Die Kamera in luftiger Höhe - nur über eine Leiter zu besteigen - damit Wein und Speisen aus dem optimalen Blickwinkel getroffen werden: Johannes G. Krzeslack zeigte bei den Aufnahmen zu „Classic – das Kochbuch" wahren Sportsgeist. Der Frankfurter Fotograf wusste mit Hingabe zur Perfektion auch ein schmales Budget in stimmige und atmosphärisch dichte Bilder umzusetzen.

Johannes G. Krzeslack, Jahrgang 1970, hat sein Handwerk gelernt, danach Kommunikationsdesign studiert und ist seit 5 Jahren selbständiger Fotodesigner mit namhaften Kunden aus verschiedenen Branchen.

Johannes G. Krzeslack
Fotodesign
Gräfstr. 83
60486 Frankfurt
FON 069 / 77 01 19 93
e-mail:
johannes@krzeslack.com

DIE BUCHMACHER

ANDREAS VÖLKEL:
Weinempfehlungen
Küchenassistenz

PETRA ABELE:
Redaktion
Styling

MARGIT KOPF:
Layout
Satz

IMPRESSUM

Text und Bildnachweis:
Deutsches Weininstitut
Gutenbergplatz 3 - 5
55116 Mainz

Gestaltung & Satz:
4ma für Multimedia GmbH,
Oppenheim

Druck:
Kunze & Partner, Mainz

Printed in Germany
© Deutsches Weininstitut
Alle Rechte vorbehalten

Besuchen Sie uns unter:
www.deutscheweine.de

Wir danken der Firma Villeroy & Boch, Mettlach, die uns freundlicherweise Geschirr und Besteck zur Verfügung gestellt hat.